少年财智英雄榜样

CONG MABEI
DAO CHELUN

从马背到车轮

福特（汽车）

张丛富◎丛书主编　　李　颖◎编著

北京出版集团公司
北京教育出版社

图书在版编目(CIP)数据

从马背到车轮——福特：汽车 / 李颖编著. — 北京：北京教育出版社，2012.3（2018年3月重印）
（少年财智英雄榜样 / 张丛富主编）
ISBN 978-7-5303-9834-0

Ⅰ. ①从… Ⅱ. ①李… Ⅲ. ①福特，H. (1863～1947)—生平事迹—少年读物 Ⅳ. ①K837.125.38-49

中国版本图书馆 CIP 数据核字(2012)第 022764 号

少年财智英雄榜样

从马背到车轮——福特：汽车

CONG MABEI DAO CHELUN

张丛富　丛书主编

李　颖　编著

*

北京出版集团公司
北京教育出版社　出版
（北京北三环中路 6 号）
邮政编码：100120

网　址：www.bph.com.cn
北京出版集团公司总发行
新华书店经销
重庆重报印务有限公司印刷

*

700 毫米×1 000 毫米　16 开本　12.5 印张
2012 年 3 月第 1 版　2018 年 3 月第 4 次印刷
ISBN 978-7-5303-9834-0
定价：23.70 元

质量监督电话：010-58572342　010-58572393

序　言

亨利·福特，美国福特汽车公司创始人，世界著名的"汽车大王"。他白手起家，凭借自己卓越的人格魅力、独特的商业理念和合理的经营方式，创造了人类工业史上的奇迹，被美国人称为"汽车之父"。

由亨利·福特创建的福特汽车公司是世界大型汽车企业之一，该公司推出的Ｔ型车和第一条生产流水线带来了世界汽车工业的革命，而且Ｔ型车１５００万辆的产量很长一段时间之内是未被打破的世界纪录，福特也因此被誉为"给世界装上车轮子"的人。

这家开创了大规模生产方式的汽车制造企业是一个世纪以前由特立独行的企业家和机械师亨利·福特带着一帮傲慢的怪异天才创建的，它对整个工业世界的发展作出了杰出的贡献。伴随其他一些社会剧变，物美价廉的福特Ｔ型车让美国的工薪阶层为之激动不已，而慷慨的"日薪５美元"无异于重新定义了工业社会的劳资关系。

在美国，像约翰·洛克菲勒如此强势的资本家都很赞赏福特，把他的生产设施说成是"工业时代的奇迹"。与此同时，伍德罗·威尔逊总统也曾说服过这位汽车生产商以进步民主党的身份竞选美国密歇根州参议员。

成功学大师戴尔·卡耐基认为，美国有两位最伟大的企业家：一位是"钢铁大王"安德鲁·卡内基，另一位是"汽车大王"亨利·福特。卡内基因为将自己毕生创造的财富捐献给慈善事业而闻名于世；而福特凭着坚毅的品质，用汽车改变了美国乃至世界交通的历史，给美国"装上车轮子"，使美国进入了一个全新的发展时代。

亨利·福特留给我们的不仅仅是"福特"这个汽车品牌，他还代表着一种执著、永不言弃的创业精神。亨利·福特的一生中充满了催人奋进的故事。他致力于机械制造，用自己的发明和创造为世界作贡献，制造人们买得起的大众汽车，给人们带来了便利和快乐。他用一生的时光，改变了一代人，开创了一个新的时代。

目录
CONTENTS

第五章 "汽车大王"对商业者的告诫

第一章 "汽车大王"的成长之路

亨利·福特的童年,正赶上美国南北战争,小亨利见证了19世纪美国中西部典型的乡村生活。他生活的区域,几百个镇子、村庄和乡村社区分布其间,其北边连有五大湖区,南边相接俄亥俄河,东西两边分别是阿巴拉契亚山脉和大平原。这种环境深深影响着亨利的生活,广泛的家族关系、季节性的农活、社区聚会和教堂礼拜,这些线条紧密交织构成了他社会体验的网络。

"汽车大王"的诞生

1863年7月30日的清晨，在美国密歇根州底特律市西南约9英里的迪尔本，传来了一声响亮的婴儿啼哭声，又一个小生命来到了这个世界。

"瞧，多可爱的男孩呀！"助产师格安妮·荷穆茨轻轻抱起刚刚包裹好的婴儿并向他父亲贺喜，"祝贺你，威廉！"

"谢谢！谢谢！"婴儿的父亲兴奋地搓着双手，连声向助产师和闻讯赶来道喜的邻居们道谢。

"威廉，给孩子起名了吗？"一位邻居问道。

"起了，起了，叫亨利·福特！"

"好极了！多么响亮的名字啊！"

在众人的称赞声中，婴儿的父亲威廉紧紧握着妻子玛丽的手，两人望着襁褓中的小亨利，一脸幸福。面对着众人的笑脸，小亨利却不领情，仍在号啕大哭，这哭声并无特别之处，正如若干年后一位邻居所说的：从这孩子落地的哭声里，谁也没有听出这声音和后来的汽车喇叭声有什么联系。

亨利·福特的祖父约翰·福特和祖母托马辛娜·福特都是爱尔兰人，曾在柯克郡的一家英国人的庄园里做雇工。在英国人的压迫下，福特一家人的生活十分艰苦。为了寻求更美好的生活，在1832年，威廉·福特的两个叔叔塞米尔和乔治踏上了美洲的土地，他们在美国西海岸登陆后，并没有像其他伙伴一样留在诸如纽约、波士顿那样初具规模的城市里做工，而是乘坐着牛车来到底特律附近的小镇迪尔本并定居下来，在荒郊野地里开始耕耘。在他们写给故乡亲友的信中，描述了新大陆廉价的土地、茂密的原始森林和自由的生活，这一切都强烈地吸引着威廉一家。1847年，由于爱尔兰暴发了伤寒病，许多人都逃离了故乡。威廉一家10口人也在约翰·福特的带领下，加入了移民队伍，来到了当时被视为"移民者和冒险家的乐园"的美国，这一年，威廉·福特21岁。而就在横渡大洋的路途中，亨利·福特的祖母托马辛娜病死在船上，把身躯永远地留给了大海。

此后，福特一家开始在美国定居。大家齐心协力，互相扶持，创造了许多财富，到19世纪60年代，当时福特的家庭已经是一个殷实之家了。亨利出生在一栋两层楼的房子里，这套房子共有7个房间，房间的木板墙被漆成白色。房子的一楼是客厅、客房、起居室和厨房，而二楼则全部是卧室，客厅正上方的那间卧室就是亨利的出生地。就在亨利出生的第二年，威廉·福特名下所拥有的土地已达到120英亩，同年，威廉正式成为美国公民。

亨利·福特的母亲玛丽·利托戈特·福特是荷兰人，圆脸，黑眼睛，褐色头发，衣着朴素，生性活泼，而且很贤惠。自打结婚后，她就担负起了一个农妇所能操持的一切家务和农活。玛丽抚育了6个孩子，其中亨利·福特是长子，他后面还有5个弟弟妹妹——约翰生于1865年，玛格丽特生于1867年，珍妮生于1869年，小威廉生于1871年，罗伯特生于1873年。巧合的是，每隔两年就有一个孩子准时来到世上。

"汽车大王"简单朴素的童年生活

亨利·福特的童年，正赶上美国南北战争，小亨利见证了19世纪美国中西部典型的乡村生活。他生活的区域，几百个镇子、村庄和乡村社区分布其间，其北边连有五大湖区，南边相接俄亥俄河，东西两边分别是阿巴拉契亚山脉和大平原。这种环境深深影响着亨利的生活，广泛的家族关系、季节性的农活、社区聚会和教堂礼拜，这些线条紧密交织构成了他社会体验的网络，带给他许多美好的生命体验。

　　亨利在回忆童年生活时曾说：我的一生中能记起来的事情，首先就是父亲带着我弟弟约翰和我，去看一个在我家东边 100 多米处的鸟窝。当时，约翰太小还不能走路，父亲就抱着他走，我比弟弟大两岁，所以可以跟着他们走。这应该是 1866 年 6 月的事了。我记得鸟窝里有 4 个鸟蛋，还有一只小鸟。我听小鸟唱歌，它的歌声是那么的美妙，长大后我才知道它是一只歌雀。

　　威廉干的是农夫所从事的各种典型的农活：种麦子、植草；养牲口、熏肉；照看果园；打猎、捕鱼；砍柴自用或运到附近的底特律卖钱补贴家用。农活又多又累，正如一位邻居所说，"农夫走进田里从黎明干到天黑，然后回家干杂务"。亨利紧随父亲，帮忙种植、收获、管牲口、做杂务，常常和粗莽的农人待在一起，后来发生了一件好笑的事情，算是给想混迹成人的亨利一个下马威。大约在亨利 6 岁时，有一次，他和其他几个农人一块儿歇气，有人一脸无邪地递给他一撮咀嚼烟草。亨利不知道享用程序应该是悠悠咀嚼然后吐出出口，于是把这种烈性混合物在嘴里嚼了几下就一口吞进了肚子，大人们捧腹大笑。吞下烟草的亨利顿时觉得头昏脑胀，浑浑噩噩地朝家晃荡而去。快到家时，他在一条小溪边坐下，感觉当时溪水正在朝上翻涌起来。他踉踉跄跄回到家，进屋后对母亲说了这事，母亲听了哈哈大笑，随后连忙告诉儿子，说他不会有事的。

亨利·福特一生都念念不忘农场生活的朴素和简洁，即使在成为美国的第一个亿万富翁之后仍是如此。他常说，除了用来付账之外，他实在不知道钱有什么用处。农场生活的那种与天斗、与地斗的虽然原始却充满了力量的粗野的淳朴美也在亨利·福特身上留下了深深的痕迹。也许是由于这种农夫天性，亨利·福特在制造汽车时铁了心要制造大众化汽车。他所设计的 T 型车非常简单，非常朴素，没有任何一件从机械性能上说不必要的零件，没有任何一点为舒适而设计的附加装置，但车子却非常结实，容易维修，普通人就可以自己动手修理。有记者评论说，福特的 T 型车是彻头彻尾的农民车，浑身像农民一样，只有骨头和肌肉，没有一点脂肪赘肉。亨利本人认为，开豪华车是一种腐败，是敬畏上帝的善良人们所不应追求的一种奢侈。他自认是农夫之子，对上流社会有一种近乎天生的厌恶。他曾说，只要拥有一辆福特车，世上就没有你去不了的地方，上流社会除外。

聪明而顽皮的孩子

亨利·福特生长在偏远的密执安农场，但他对农事并不热心，这也让我们看到新一代美国人的特点：不喜欢农事。小时候的亨利也是如此，他不喜欢农事但他喜欢机械。

1871 年 3 月，8 岁的亨利·福特到苏格兰社区学校上学，学校离家大约两英里，只有一间校舍。其实，在家时母亲已经教给了他许多东西，比如耐心地辨认字母和阅读浅易的文章。他早年的老师还有弗兰克·R·沃尔德，一个很聪明的邻居；爱米莉·纳尔丁，一位在福特家里住过一段时间的年轻女人；又高又壮的约翰·布莱纳尔德·查普曼，一个拥有强健身躯的男人。

小亨利就这样开始了在乡村公立学校千篇一律的学习生活。大大小小的孩子们在冬季和雨季集中上课，播种和收获时节则停课几星期。开学时屋里生起了火炉，孩子们读《圣经》，朗诵上帝的祷文。老师认真执行基本程序：教读书、教写字、教算术，也负责给孩子们灌输荣誉、刻苦、公平的准则。老师坐在教室前面，讲台高于地面，他把学生一个个叫上去背诵课文或是在黑板上默写。老师除了教授知识以外，还要加强课堂风纪以培养学生的自律精神。根据亨利回忆，表现恶劣的学生会被叫到教室前面，在老师的眼皮子底下受监督。

亨利十分聪明，尤其很会口算和心算。然而，亨利最擅长的还是摆弄机械玩意儿。当同学被叫到教室前面背书时，他在书桌上竖起课本做掩护，在书本背后把同学的钟表大卸八块，然后再还原如初。有一天亨利和小伙伴们用石头和泥土在学校附近的一条小溪上搭了个堤坝，在坝上安了一个简易水轮，溪水漫上堤坝时水轮就会转动起来。放学时他们把工程杰作抛到了脑后，第二天邻近农家的土豆地因此发了大水。

在苏格兰社区学校，亨利·福特与邻家男孩埃德塞尔·拉迪曼成了好朋友，他们之间的友谊保持了一辈子。他俩好得难分难舍，童年时光几乎都在一起玩、在一起走，每天都在一块儿说话。上学时他们是同桌，他们把名字的首字母缩写并排地刻在桌上。星期天晚上两个小伙伴甚至一起走大约4英里去教堂。

对机械的迷恋

　　亨利·福特在干活时，经常显得懒洋洋的，心里不知道在盘算着什么。他在干重体力活时常常溜之大吉，根本不听劝告。玛格丽特记得哥哥小时候不愿意在农场干杂活，而喜欢跑去瞧脱谷机工作。福特农场曾雇用过一个邻人干活，有一次他笑着说道："那个小鬼头呀，是一个天下难找的懒骨头。上午 10 点以前亨利倒是会好好干活，之后就会跑回家说是想喝口水。他是跑回去喝水了，但是别指望他再回来啦！"然而，与其说这个年轻人的行为是懒惰或是叛逆，不如说他脑袋里有一个准数：不想浪费体力。玛格丽特解释说："亨利觉得干农活太辛苦，于是就琢磨着看有没有一些好的办法，把各种杂活干得又快又轻松。"

　　亨利虽是个农民子弟，却对扛铁锹锄头下地干活、挤牛奶、养马等农事自小就不怎么喜欢。与此相反,他对摆弄机械兴趣极浓。他对"滴滴答答"走个不停的钟表特别好奇,总爱拆开来探个究竟。家中几乎所有的钟表都被他拆得七零八落。因此,家里人只要看见小亨利回来,便立刻慌慌张张地把那些钟表藏起来。小亨利在自己房间的床头柜里藏了七种"秘密武器":钻孔机、锉刀、铁锤、铆钉、锯子、螺栓和螺丝帽。锉刀是用拣来的铁片切割而成的,钻孔机则是用从母亲那儿偷来的棒针改造的。

亨利的兴趣并不只限于钟表,新的农具一到家里也会被他拆得支离破碎。后来,他的兴趣又扩展到机器制造。在一个北风呼啸的冬日,小亨利跟随父亲到8英里以外的底特律去。在底特律火车站,他第一次看到了火车头。他立刻被这个大怪物迷住了,于是恳求列车长允许他进入火车头看看。那位好心的列车长爽快地满足了他的要求,并为他开动了车头。他坐在驾驶台上,把汽笛拉得"呜呜"作响。

回到家里,他兴奋得整夜都没睡好觉。第二天一早,他瞒着母亲,从厨房里偷来两把水壶,在其中一把里面放满烧红的煤炭,另一把壶里装上烧开的水,然后从储藏室里取出雪橇,把两个水壶放在雪橇上。

"火车头来了!"他一边向小伙伴们叫着,一边在地上滑动着雪橇。他沉浸在无比的欢乐之中。

后来,他又在学校做蒸汽引擎的实验。他与小伙伴们把引擎安置在学校篱笆下,蒸汽使它每分钟能转3 000转,速度非常快。正当他们全神贯注做实验时，不料引擎爆炸了，铜片、玻璃和铁片四处乱飞。碎片割伤了亨利的嘴唇。他的一位朋友也被碎片重伤了腹部。此外，篱笆也被炸得着了火。后来，他父亲负责把篱笆修好了事。对这件事，父亲倒没有丝毫责备，只是平静地说："亨利，以后做这种游戏要多加小心。"

小亨利也没有因此气馁，他认为并非自己制造的蒸汽引擎不理想，而是不小心加煤过量了。于是，他依旧做实验。他把自己的卧室当做小工厂，窗前的写字桌成了工作台，他做了很多装有机械装置的玩具。弟弟妹妹一旦有了新玩具，都怕被亨利看见，生怕被他拆掉。母亲是一贯支持亨利的，称赞他是"天生的机械师"，给他提供工具，并不断地鼓励他。亨利长大后所表现出的镇静沉着、不屈不挠的性格，与母亲的教育培养不无关系。

农场的劳作让少年亨利深深感到工作的艰苦，有一次他说得很干脆："农场劳作效率这么低，促使我迷上了机器。"他对机器着迷，也因为他另有一个心结。他曾说："我母亲一向认为我天生就是一个机械师。"亨利对弟弟妹妹那些粗陋的发条玩具非常着迷，常常拆开来看看它们为什么会跑动起来，然后再完好地重装起来。玛格丽特说，在圣诞节时弟弟妹妹们会把玩具团团抱住，齐声高喊："不让亨利玩！他会把它们拆掉的！"

小亨利着迷于机械，于是产生了一项爱好，那就是修理钟表，一天不修手心就痒痒。阿道夫·枯林是亨利的父亲雇用的一个拥有德国血统的农场工人，他首先当着亨利的面把他银表的背盖打开，让亨利瞧瞧里面的各种机件是如何运作的。在苏格兰社区学校读书时，小亨利常常摆弄同学的钟表来消磨时间，还为此做了一套工具，把小发针磨成微型改锥，把母亲的旧胸针改制成小镊子。后来，他得到了一个"修理能手"的名声，才读小学的亨利·福特，就成为轰动全镇的天才少年技师。邻居们钟表坏了都送过来让他看看。他在家里搭了个工作台，会花上几小时津津有味地调整和修理这些微小的机件。亨利还经常逛逛当地的钟表店，迪尔伯恩的英格尔伯特·格里姆钟表店就是他经常去的一家，他可以在那里买机件、换机件。有一次他离开钟表店越走越远，最后走到了底特律。他想在那边看看有什么可买可换的宝贝，还顺路到铁路机车场瞅了瞅火车头和机车修理车间里的蒸汽机，这些他都很感兴趣。

劳作的亲身体验让亨利收获颇丰。他把母亲做事集中又麻利的风格视为榜样，对机器威力的体会又越来越深刻，一切融合交织，在他身上塑造出一种突出的个性特征，那就是做事高效。

亨利总想花最少的时间和精力把事情做好，如果能用较简便的办法完成一件事，那么这件事本来就应该这样做。农场的各扇大门开关起来非常沉重，于是亨利就为大门安上铰链，还安上不用下马车就能开门和关门的装置。童年时，亨利·福特对机械的迷恋，对他以后公司的发展有着不可估量的影响。

从小深受母亲的道德教导

亨利·福特的母亲玛丽·福特是家里的一个既温柔又坚定的角色,对亨利的童年产生了关键影响。"妈妈主持家政,统管一切,把家里搞得好舒服。"亨利经常对许多人这样说。亨利在后半生几乎把母亲捧到了圣人的高度,因为他认为自己在道德方面受到的好影响大多来自母亲。亨利于1923年对记者埃德加·盖斯特说:"我一直努力按照母亲所寄望我的那样生活着,我还小时她就教导我说,奉献是世界上最为崇高的责任,我一直努力地按她教我的那样做。"

玛丽·福特教子有方,鲜明地反映出19世纪美国主流中产阶级所奉行的文化价值观。这种价值观要求个人在生活中控制好自己的情绪,在家庭生活中形成"爱家顾家"的范式。家庭中做妻子的应该相夫教子,让丈夫和孩子们温文尔雅、感情丰富、品行高尚。它还推崇生活节俭、工作敬业、劳动刻苦,能生产出有用的物品以供市场买卖。

玛丽·福特信守传统道德规章,教导亨利要怀着喜悦的心情面对并完成艰苦的工作,把工作看做是自己的责任。亨利干活发牢骚时玛丽不会纵容他。亨利回忆起母亲曾很严厉地说过:"生活中有许多令人不愉快的事情需要你去做,你的责任有时会是很艰巨、很讨厌乃至很折磨人的,但是你必须去做。"玛丽也敦促孩子们培养自律习惯,让他们带上简单但富含营养的午餐上学,因为她认为追求美食有道德危险,用她自己的话说就是:"你要的是健康,而不是好吃,决不要单单为了好吃而吃。"

同样的观念也表现在玛丽教育孩子的方式上。她很赞成维多利亚式的做法,认为在培养孩子正直性格的过程中不要体罚孩子,而是要让他们有羞耻心。有一次亨利撒谎被母亲发现了,玛丽的脸上表现出了极度的厌恶,以此警示亨利。亨利回忆道:"我感到很羞愧,羞耻感比鞭打要使人疼痛得多,一整天时间我得到的是鄙夷,我明白自己做了件可恶的事。"玛丽的道德教育也是持之以恒的,晚上她常常给孩子们朗读《圣经》《天路历程》和《生活箴言》以及鼓舞人心的散文和演讲集,让孩子们体会到一种激动人心的感召,促使他们积极奉献、勇担责任。

玛丽的教导尤其在以下两方面深深地触动了她的长子:其一,她尽其全力营造家庭和谐气氛,用亨利后来的话说就是"富有使大家愉快地相处的艺术"。他回忆说:"妈妈说要是我们在家里都不高兴，那么在哪里都不可能高兴的，我听她这样说已经不止一次了。"
她平心静气地坚持说，工作和玩耍之间要掌握适当的分寸，娱乐是
完成工作后的回报。亨利回忆童年生活时说道："我们玩得很好也玩
得很多，但妈妈总是提醒我们，生活不可能总是好玩的呀。她常常
对我说，玩的权利应该是你挣来的。"其二，玛丽是办事高效者的典
范，这对亨利产生了终生的影响。她这样说过："要学会努力工作没
有错，但最终真正算数的是工作的结果，而不是卖力与否。"亨利的
妹妹玛格丽特说，人人都钦佩她母亲条理清晰、有条不紊的做事方
式。亨利也崇尚母亲做事高效的风格，正如多年以后他对一个记者
所说的那样："我舅舅曾经说过，其实在这方面我和妈妈是很相像
的。"母亲去世大约50年后，亨利回忆道："妈妈强调，不但要踏踏
实实地做事情，并且还要把事情做好，她反对空谈而迟迟不动手。
妈妈工作起来条理清晰、有条不紊、干净彻底，她也要求我们学着
这样做事情。"然而，福特家的女主人给予儿女们的并不仅限于道德
教导和效率示范，她也付出了巨大的爱。玛丽·福特既关心儿女们
的长远发展，又充分展示了母爱，很成功地在两者之间达到了平衡，
因而获得了儿女们的尊敬。玛格丽特满怀柔情地说起母亲当时让女
儿们"扮娘娘"的事，母亲叫她们穿上自己的衣服模仿《格蒂丝贵
妇手册》里图画的动作和表情。亨利也常常谈起一件事：有一天他
把草料送进铡草箱时，锋利的刀片割伤了手指，血不停地往下滴，
指尖看上去血肉模糊。他吓得半死，连忙跑进屋里，母亲很快把事

情摆平了：让他安静，给他止血，把伤口紧紧包扎了起来。她天天给亨利检查和清洗伤口，精心呵护了 3 个星期，伤口才得以愈合。

除了母亲的影响，孩提时代读过的一系列书籍对亨利的性格也产生了巨大影响。毗邻密歇根州的俄亥俄州有一位老师兼儿童作家，19 世纪有无数的美国孩子受到了他的影响，亨利也不例外，从这位老师的作品中学到的东西使他受益终生。

对小亨利影响深刻的启蒙书

有一本书深刻影响了亨利·福特的一生，它就是《麦加菲读本》。它对亨利·福特的成长影响很大，可以说是亨利·福特的启蒙书。

这本书是威廉·霍姆斯·麦加菲教授编写的课本。这套课本在 19 世纪声名远扬，它短小精练的诗文篇章和引人入胜的插图非常适合儿童阅读。自 1830 年以来，有好几代美国儿童学习这套课本，既初通了文字，也掌握了道德原则。他们把读本中的课文学得非常透彻，几十年后仍记忆犹新，大多数甚至还能背诵出来，这些课文对亨利同样有着深远的影响。

亨利是在家中首次接触到《麦加菲读本》的，玛丽·福特耐心地引导他学习了头几册。大约 60 年以后，当亨利回忆起当时坐在妈妈身旁，读着《麦加菲读本》中的图画度过漫长的冬夜的场景时，他仍能勾勒出栩栩如生的图像：斧头靠在木头上拼成了字母"A"、从盆中舔牛奶的猫咪构成了字母"C"、奔跑的小狗成了"D"，如此种种。亨利念小学时继续学习这套课本。他妹妹玛格丽特也说："《麦加菲读本》中的课文教我们懂得了什么是荣誉、尊严和公平。"在19世纪的大部分时期，这套课本深深打动了众多美国儿童的心灵。

《麦加菲读本》究竟是什么样的课本呢？对于年龄最小的学生，读本教会了他们基础阅读技能——认字母、记单词、造句、学措辞。稍大的孩子们所用的课本中有许多插图，还有各种训练咬字发音、标点符号和说话能力的练习。麦加菲系列难度最大的读本，为高年级学生准备了文学、诗歌和哲学的精选片段。然而，不论难度大小，整套读本都编写得生动活泼、精彩跌宕，并配有轶事、故事和图框来帮助学生理解课文要点。学习这套课本的孩子们多半居住于教育条件落后的地区，课本给他们带去了文明的气息。课文选段有盎格鲁—美利坚文学传统特色，如斯格特、拜伦、格雷、雪莱、华兹华斯、朗费罗、泰纳森的诗歌以及迪金森、欧文、库柏和雨果的散文。更重要的是，《麦加菲读本》的道德意味鲜明，课文强调虔诚、谦恭、刻苦、正直、耐心、善良和节制的必要性。作者教导孩子们说，良好的品行能带来道德完善和财富丰盈，鲁莽或罪恶的行为则会招致灾难性后果。一位对《麦加菲读本》有深入研究的学者说道，这套丛书强调为了自我完善要采取严格的道德约束。

《麦加菲读本》对亨利·福特的性格和处事原则的影响是深远的。20世纪20年代，亨利开始狂热地搜寻旧版《麦加菲读本》并以此作为业余爱好。有一次亨利和妻子克莱拉看到一群小学生又蹦又跳地走过，看到此情此景，克莱拉不禁吟诵起来："耳闻孩童欢欣喊叫，四点半钟离开学校……"下面是什么她就回想不起来了，只记得这是《麦加菲读本》中的一条作业。为了弄清在哪一本书里能找到这条作业，亨利着手四处找寻麦加菲旧版课本。随着儿时上学的经历在回忆中潮涌而至，对旧课本的搜罗达到了狂热的程度，不到几年时间他就收集了一大堆。如果说亨利是当时全美国最大的麦加菲作品私人收藏家，恐怕并不为过。

亨利·福特收藏旧版《麦加菲读本》，起先是作为一项具有怀旧意味的爱好，后来事情却越做越大。他高度评价读本中的课文以及其中蕴含的价值观，于是下决心搞一场麦加菲复兴活动。雄心勃勃的复兴活动始于1926年，目的是让麦加菲影响大众。亨利出钱重印了1857年以后的版本，在全美发行了成千上万套。他担任《麦加菲精选读本》一书的副主编，参与选编了其中的150项内容，还在《读虫季刊》上发了一篇文章，指出《麦加菲精选读本》仍然适用于当今世界。1938年，亨利出资主办了麦加菲团体联合会，在当年的大会上，他以一贯短小质朴的风格发表演说："今天我很高兴和大家一起纪念麦加菲博士，他是一个伟大的美国人。《麦加菲精选读本》教导美国年轻人要刻苦工作，要有良好的道德。"福特甚至在迪尔伯恩的亨利·福特博物馆附近办起了一所麦加菲学校,把读本当做学校的基本教学材料。

1935 年 3 月 17 日,亨利通过无线电广播"福特周日一小时"节目,将麦加菲推向最广大的人群。这是一个哥伦比亚广播公司播出的晚间音乐节目,威廉·J·卡麦隆是亨利的重要同僚和发言人,他在节目中穿插发表谈话,赢得了成百上千万的听众。经过与亨利密切协商,卡麦隆在节目中就《麦加菲精选读本》慷慨陈词,他说:"五十年来威廉·霍姆斯·麦加菲和他朴实无华的课本在美国创造了一种性格典范。""就是这些成百上千万平实的小小课本,使美国人民能说会道,使他们的道德理想得以升华,使他们的思绪得以深化和拓展。""福特的藏书各种各样、极为丰富,可是他最引为自豪的,恐怕就是那些《麦加菲读本》了。"

亨利利用所有机会宣扬麦加菲的旧时代美德。在《持家有方》杂志中他写了一篇文章,坚持认为受过麦加菲影响的几代人有更好的良知与诚信,人类需要道德信条,生活的真理应该以朴素和明白的方式传授给孩子们。在另一篇文章中他说得更干脆:"真理、诚实、公平、进取、创新、独立,所有这些在《麦加菲读本》中都是基本因素。当初麦加菲在编写读本时,这些因素就已经是超越时代的了,今天依然如此。"哈姆林·加尔兰德是一名美国中西部的作家,他写的书在当地很畅销。20 世纪 20 年代时他与亨利交友,两人对儿时学过的《麦加菲读本》都推崇有加。加尔兰德曾这样写道:

"有一次我去找亨利，亨利拿出了四册《麦加菲读本》，这是他把在旧书堆中发现的原本依样重印的，用了原来的字体也保留了所有插图。我一页页地翻阅这些书，发现自己回到了艾奥瓦州的大草原上，回到了孩提时代四壁透风的小课堂里。我回想起当时自己是多么喜爱书中的故事和诗歌呀。亨利会和我一样感到这种魔力，这是错不了的。"

亨利和加尔兰德还用玩游戏的方式来察看各自对《麦加菲读本》中的内容还记住多少。他们面对面坐下，一人从某册书中背出一篇课文的头一段，然后轮到另一人背诵第二段，以此类推，背不下去就算输了。

亨利·福特左耳回响着母亲的谆谆教导，右耳缭绕着麦加菲的循循善诱，就这样度过了孩提时代。然而，直到成年他才意识到，童年时开始接受的刻苦、奉献、节制和责任等观念已经成为他性格和情感中的牢固基石，维多利亚式的道德教育也在他身上打下了深刻的烙印。

第二章 亨利·福特的创业故事

亨利·福特的创业是艰难的，期间经历了太多的失败，但他从不气馁，一只脚踏在传统农业的过去，另一只脚迈向现代工业的未来。他在冬天经营锯木厂，夏天则到巴基耶收割机公司工作，安装和维护公司生产的"爱克立普斯"牌轻便型农用发动机，不过他把主要兴趣和精力都投在了另一个项目上，那就是他终生最大的追求——自行驱动的"无马大车"。

16 岁开始的职业生涯

1876 年春，福特家庭做好准备迎接一个新成员的来临。去年夏天玛丽又怀孕了，这是她第七次怀孕，她的健康状况良好，以前生小孩都挺顺利。于是大家巴望着等孩子出生后，好好庆祝一番。然而，可怕的事情发生了：母婴双双死于 3 月 29 日。小亨利的世界发生了天翻地覆的变化，噩运来得如此突然，打击又如此沉重，他的精神崩溃了。

亲爱的母亲离开了世界，恐怕是亨利一生中所经受的最大创伤，几十年后伤口都无法抚平。当他面对现实时心怀痛苦，少年式的沉默呆滞在脸上一览无余。很久以后他说道："母亲去世了，我想这是对我极大的不公平。"少年亨利如此比喻自己的惶然和痛苦："我们家就像一台抽掉了发条的钟表。"

玛丽去世后，小亨利生活中出现了一个深深的新危机：他和父亲的关系从此紧张起来。他一向和妈妈比较亲近，和爸爸相对疏远，亨利虽然很尊敬父亲，但是只有从母亲那里，他才能得到爱和理解。

母亲的去世谁都没想到，一种持久的隐痛开始在家中蔓延开来。而亨利在情感和生理上正处于青春期，这事对他的影响更为持久和深远。母亲的离去使他快速地进入复杂的社会中，他的生命发生了巨大的变化。

在16岁时，亨利不顾父亲的反对，离开农场，到附近的底特律市去了，从此开始了他的职业生涯。1879年的底特律是个有10万人口的新兴工业城市，就业机会很多。亨利很快在该市最大的工厂密歇根铁路车厢制造厂当上了见习生，这是他的第一份工作，日薪1.1美元，可仅工作6天他就辞职了。因为亨利往往不费吹灰之力就修好了那些老资格工人无法修理的机器，这使得那些人极为嫉妒和不满。

接着，他又来到福拉瓦机械厂。由于薪水低，连房租也付不起，他只好晚上到钟表行打工，赚取每晚50美分的工钱。9个月后，他又辞职不干了，因为那里已满足不了他求知的欲望。之后，他又到德多可机械厂的车间做学徒。在所有人都不看好的情况下，亨利顺利地度过了学徒期——也就是说，在3年学徒期满后，亨利成为一名合格的机械师。出于对精密工作和钟表的喜爱，晚上亨利去一家钟表店做修理工。那段时间里亨利修理了300多只手表。亨利曾一度有过进入钟表行的想法，但最终还是打消了这个念头。因为亨利认为手表并非普通的必需品，很多人并没有手表。直至今日，亨利都无法说明当初是怎样做出这个令人惊讶的结论的。其实，亨利并不喜欢普通的制表工作，即使在修理手表时，他也在想着批量生产的事。

放弃了试验两年的初始计划

后来，亨利在斯肯那克迪的威斯汀豪斯公司的本地代理行里做了机械师，负责安装和修理他们的道路机车。

当时亨利有一个想法，他认为这种蒸汽机车或许也能用于驱动原本由马拉的车。当时，用蒸汽机代替马来拉车是很多人都有的想法。自从蒸汽机车问世之后，人们就一直在谈论这个话题。但同时亨利也认为，发明一种机器以解决犁地之苦的想法更为实际，因为犁地是农场中最重的农活，将它们统统抛给钢铁和发动机，这成为亨利一开始最大的目标。然而后来亨利却发现，人们对于在道路上行驶的机器的兴趣，远远大于对农用机器的兴趣。

于是亨利开始着手制造汽车。亨利制造了一辆蒸汽车。它有一个汽缸，能提供足够的动力，还配置了一个易于操作的装置——节流阀。但是汽缸是有危险的：为了获得动力大、重量轻的机车，蒸汽机必须在高压下工作，可坐在一个高压汽缸上并不是件乐事。为了使它更安全更合理，需要增加重量，但这又抵消了由高压带来的高性能。

两年的时间里，亨利一直反复试验着各种汽缸，而最后亨利放弃了制造以蒸汽机为动力源泉的道路交通工具的想法。因为亨利得知，英国已经制造出了可以在道路行驶的能拉动数列拖车的机车，也设计出了用于农场的大型蒸汽拖拉机。

当时美国的道路条件远远不如英国，美国的道路只会把沉重的拖拉机变成一堆废铁。另外，生产这种只有少数有钱的农场主才能购买的大型拖拉机，对亨利而言并无价值。经过两年时间的摸索，亨利得出一个结论：蒸汽机并不适用于轻便的交通工具。因此，亨利在威斯汀豪斯公司只待了一年，他不愿在没有发展空间的事物上浪费时间。他又换了一份工作。

为研究再次回到了农场

亨利这一次跳槽是到底特律造船厂工作。虽然那里薪水更低，每周只有2美元，但能学到有用的东西。

在造船厂，亨利幸运地被分派到引擎车间工作，并得到了上司的赏识，很快由见习生升为正式员工。

工作之余，亨利还非常注重学习。一天，他从一位同事那儿借来一本《世界科学杂志》，其中有一篇介绍英国欧特博士发明新引擎的文章，引起了他极大的兴趣。这种新引擎是大型单缸结构，以照明气为燃料。由于动力是间断的，因此它无法作为道路交通工具。

气体发动机，即内燃机的想法并不新鲜，但将它真正推向市场还是第一次。内燃机引起了亨利的兴趣，亨利开始在书店购买英美杂志，关注着它的发展，尤其想要找到用挥发性的气态汽油取代照明气的线索。

1885年，亨利曾经在底特律的雄鹰钢铁厂修理过一台奥托发动机。尽管亨利从未接触过这种发动机，但他还是将它修好了。这给了亨利第一次实际研究这种新式发动机的机会。

1887年，为了检验对它的工作原理的掌握程度，亨利仿造了一台四冲程的奥托发动机。它的口径为1英寸，冲程为3英寸，以汽油为燃料。结果证明，这个小模型性能良好，虽然动力不大，但比市场上的发动机要轻得多。这就是亨利与内燃机打交道的开始。

后来，亨利又回到了农场，但亨利的目的是做实验而非干农活。那时，亨利已经是个机械全面手了。他打造了一间一流的工作间，在那里研究内燃机的构造和工作原理。亨利读遍了所有能找到的资料，但最多的知识还是来源于实际工作。

1890年，亨利开始研究双缸发动机。实验证明，将单缸发动机用于交通运输工具的想法相当不切实际，因为所需的飞轮太重了。从制造第一台四冲程奥托发动机到开始研制双缸发动机的这段时间内，亨利做了大量实验。亨利认为将双缸发动机用做道路交通工具的动力源是可行的。当一个汽缸传送动力时，另一个汽缸可以排气。这样一来，就算没有飞轮，也能获得相等的动力。亨利开始在农场的工作间里实践这一想法。

亨利最初的想法是将双缸发动机安装在自行车上，用机轴直接连接，以自行车后轮作为动力轮，用油门调节速度。但这一想法并未付诸实践，因为亨利很快便意识到发动机、汽油箱以及各种必备的控制装置，对自行车来说实在是个重负。后来，底特律电力公司向亨利提供了一份工程师兼机械师的工作，月薪45美元，这比农场的收入高。亨利接受了这份工作，离开农场，开始了他新的生活。

与美丽的克莱拉喜结良缘

　　1885 年元旦的晚上，灯火辉煌的马丁德尔饭店内气氛非常热闹。亨利和他的家人也走进这个饭店的舞厅欢度元旦佳节。当亨利和他的表妹跳起欢快的四人舞的时候，他无意之中被妹妹的一个漂亮女友——克莱拉·布赖恩给吸引住了。

　　克莱拉长着一双黑亮的大眼睛和一头棕色的头发，浑身散发着青春的活力。她喜欢社交，舞又跳得特别出色。

　　从这次舞会之后，亨利就和克莱拉开始相爱了。

　　1888 年 4 月 11 日是克莱拉 22 岁的生日。在这一天，她和亨利·福特在亲人们的祝福中结为伴侣，开始了一种全新的生活。

　　威廉·福特送给儿子几十亩林地，希望儿子能够在这块肥沃的土地上发家致富，干出一番属于他自己的事业来。但胸怀大志的亨利却有着自己的理想和对将来的打算。他此时盘算现在该怎样利用林地的木材赚一笔可观的经费，以实现他研究开发梦寐以求的发动机的伟大理想。

　　妻子克莱拉追求的则是自己能够拥有一个新家。为了能够满足新婚妻子的要求，在结婚不久后，亨利就去林地亲自伐木，筹备盖屋木料。他们把度蜜月变为劳动月，在亨利去伐木时，克莱拉就担任了小屋建筑的总设计师。这样，经过夫妻的辛勤劳动，他们的新家终于在森林的空地上建造了起来，这是一座非常漂亮的正方形小屋。盖房虽然十分劳累，但是夫妇双方相互体贴非常和睦，这个新的小家庭充满幸福和温暖。

　　为了生活，亨利被迫暂时放下手中正在进行的机械研究工作，扛起锯子和斧头，从事伐木、垦荒的营生。当时底特律正进入开发建设的新时期，木材一时成了紧俏商品。亨利便抓住这个好时机，把砍伐的木材运往底特律，适时地赚了一笔钱。同时，亨利还在林地里开垦出一片小菜园，种上各种蔬菜瓜果。克莱拉也饲养起家畜。生活虽然不十分富裕，但却过得充实美满。

　　一天夜晚，刚刚从底特律参观新式内燃机回来的亨利一到家就像发疯似的朝灯下干活儿的克莱拉喊道："快拿纸来！"

　　非常聪明贤惠的克莱拉，理解丈夫当时的心情，她听到丈夫这突如其来的喊声，就马上停下手中的活儿，抓起风琴上的乐谱递给他。亨利在乐谱的背面勾画出一幅引擎的草图。他一边描画着，一边兴奋地对妻子说："克莱拉，就是这样，这就是我所想象的汽车需要的引擎。"然而丰富的想象力毕竟还不是现实，图纸距离实物总还有很长一段距离。

为了实现自己的梦想，亨利决心重返底特律，这对于已在农村过上安定的小康生活的克莱拉来说，就意味着她将要告别自己亲手开垦的田园，告别自己亲手设计的方形屋，告别自己的父母和朋友。总的来说，她要告别这里的一切！但是克莱拉毕竟不是一位平凡的女子，她并没有因眼前的舒适生活而放弃了自己的未来，她决心陪伴着丈夫迎接人生道路上的一切困难和挑战，她相信丈夫的事业将来有一天肯定会成功的！

为了事业离开了年老的父亲

1892 年秋的一个早晨，亨利·福特的家门口簇拥了许多人，他们都是来为亨利和克莱拉送行的。秋收刚刚结束，他们就动身前往底特律。经过仔细挑选的一些家具和行李物品被装在几辆马车上，亨利和克莱拉站在人群中与亲友话别。亨利自然是喜气洋洋，而克莱拉则是满腹心事。

在所有的人当中，最难过的应该算是亨利的父亲威廉。老人知道，如果说上次亨利的离家出走（16 岁开始闯荡底特律）还带有些男孩子的稚气，只是儿子对外部世界的一次小小探索的话，那么这次搬家意味着亨利彻底告别了田园牧歌式的乡村生活，他将开始融入城市，成为其中的一分子。这么多年来，威廉费了许多心血，做出了一次又一次的努力，想缓和自己和大儿子的紧张关系，特别是在亨利成家后，威廉寄希望于幸福美满安定的家庭生活能够挽留住自己的大儿子，来继承自己的农场和田园，然而，他的努力终究没有战胜城市和机器对亨利的巨大吸引力。

"我终于还是失去了他。"老人站在一旁，心中充满了悲哀。

在亲人们的告别声中，马车出发了，亨利向亲友们不停地挥着手，当他回头看自己的妻子时，发现克莱拉的眼里闪烁着泪花。

"亲爱的，我知道你为了我做出了多么大的牺牲，"亨利安慰着妻子，"请相信我，我们会在那儿生活得很好的。"亨利停顿了一下，"因为只有在那里，才能实现我多年的梦想！"

梦想是美好的，而现实却是残酷的。亨利和克莱拉首先搬进了约翰大街的一所住房，这是一套只有两间卧室的住房，房间都很小，而且光线不太好，幸好亨利他们是在搬家之前先来看了房子，所以才挑了有限的几件家具运过来。新的住处也有一个优点，就是离亨利工作的地方非常近。

爱迪生公司在底特律的分厂是当时底特律一家比较大的企业，可以说它也是整个底特律的主要动力源。当时，底特律80％的住户用电是靠这家公司提供的。作为一名新来的技师，亨利的工作是很辛苦的。起初，亨利的工作主要是在一个变电所负责各种机器的安装和检修，而且是夜班，也就是从下午 6 点到次日清晨 6 点，月薪 45 美元。虽然工作辛苦，但是亨利一到了这种四周摆满了机器、空气中弥漫着汽油味、发动机的声音震耳欲聋的环境里便如鱼得水。由于他有那种从小就培养起来的对机器的近乎狂热的爱好，所以他的工作态度十分认真，对新技术的理解掌握和运用也逐渐地得心应手起来，从而赢得了工友们的尊敬与好评。

与亨利的工作情形相反，克莱拉的生活就难过得多。每天白天，亨利下夜班回家后就一头倒在床上睡觉，克莱拉则开始收拾屋子，准备饭菜。

对于克莱拉来说，最高兴的事是亲友的来访，自从他们搬到城里之后，威廉每隔半个月来一次，看望自己的儿子儿媳。亨利的弟弟妹妹，克莱拉的妹妹以及其他亲友，也是家中的常客。每当亲友们到来，克莱拉就非常高兴。亨利的大弟弟约翰当时的主要工作是每天把产自迪尔本农场的牛奶用马车送到底特律的各个牛奶店，他经常顺便来看望哥哥一家。每当亨利不在家，克莱拉就干脆搭上约翰的马车回到迪尔本看看。

搬到底特律不到半年，克莱拉就怀孕了，在此以后，亨利尽管工作很忙，但仍然把大部分精力从机器转移到了妻子身上。除了上班以外，他花更多时间来陪伴自己的妻子，并减少了对外的联系。而就在这时，汽油做动力的汽车开始在美国出现了。

在爱迪生照明公司的难忘时光

克莱拉将要做母亲了，眼看着家里要添丁进口，没有一点积蓄生活怎么过下去呢？因此福特更加节衣缩食，总想攒下点儿钱，为以后做准备。他们现在的生活比起以前更加艰苦了，他们吃的都是粗粮和便宜的蔬菜，家里几乎闻不到肉香。为了孩子，亨利总是劝说妻子喝牛奶、吃鸡蛋，而他自己却笑着说："我身体棒极了，过去连杂草三明治都吃过，现在还有什么不可以吃的呢？"可见一心沉浸在学习和研究机械中的亨利生活是多么充实啊！

为了能够获得一间安静、宽敞的实验室，亨利和妻子数易其居，为了搬家吃尽了苦头。贫困和挫折不仅铸造了亨利和克莱拉坚忍不拔的性格，而且还使他们更加熟悉了社会，了解了人生，为未来新的冲刺做了充分的思想和技术的准备。

到最后亨利终于实现了自己的愿望。爱迪生照明公司决定将他调到主发电站负责修理蒸汽引擎。过了一段时间，因为工作出色，他被提升为主管工程师。为了试制发火装置，亨利忙得不亦乐乎。搞实验肯定得用水用电，于是他就把家里的小厨房当做自己临时的实验室。

1892年圣诞节前夕，克莱拉接到一个消息，父亲和家人将从乡下前来看望他们，听到喜讯的克莱拉特别高兴，但当她正忙着准备迎接家人的饭菜时，亨利这时却带着小引擎走进厨房。他把自制的引擎放到地板上，然后把插头插入插座，并要克莱拉帮忙。她二话不说，立即放下手中的活，按照亨利的要求，调整进气阀，几经努力，这小小的引擎果然启动了，顿时从排气管里喷出一股烟火，熏黑了整个厨房。克莱拉已准备的菜肴也遭其害，她不得不重新去买再重做了，但克莱拉对亨利没有一点抱怨。

1893年11月6日，当亨利的试验正在艰难地进行着的时候，他和克莱拉的独生子顺利地降生了。亨利和妻子给儿子起名叫"埃兹尔"。

埃兹尔的诞生给亨利精神上很大的激励，但克莱拉刚生下小埃兹尔，身体十分虚弱，不久又住院治疗，亨利一家的生活又陷入了困境。亨利谋求到在青年会上夜课的工作，每晚可以挣得2.5美元，夜课上到9点左右，回到家中他照样继续自己的研制工作。

这时亨利的研究小组已经发展到四个人了。他们全是爱迪生照明公司的天才职员：大胡子工程师凯特、年轻的工程师毕休普、还有讨人喜欢的18岁的德国侨民巴提尔。

　　为了能够有一个安静的实验场地，流浪汉似的亨利又选择了搬家，这已经是亨利第七次搬家了。这次他租了一栋两户合住的两层楼房。使亨利感到格外高兴的是，楼房后面的空地上有一座堆放煤和木柴的小仓库，这小仓库打扫干净之后便成了亨利第一辆汽车的实验基地。

亨利的"创世纪发明"

　　1896年3月，金驾驶着自己的汽车在底特律试车，该车是由一个内燃引擎装在一辆普通的马车上构成的，车重590公斤，四冲程引擎，时速12.8公里，3马力，行驶过程中发出巨大

福特汽车公司创始人亨利·福特和"世纪车"——福特T型车

的轰隆声。亨利·福特骑着一辆自行车跟在金的"无马马车"后面，这是他生平第一次目睹汽车试车，大开眼界。亨利·福特从这天起拜金为师，当时金28岁，亨利32岁。他们二人从此结下了非常深厚的友谊。在亨利的制车过程中，金曾给亨利·福特赞助了4个真空管，亨利才顺利地完成了他的第一辆车。后来当亨利·福特驾驶自己的第一辆汽车回家乡迪尔本时，金则骑着自行车跟在后面同行。

1896 年 6 月 4 日，福特汽车开创了历史。当天凌晨两点，亨利·福特在家里的煤仓中给新车钉上最后一颗铆钉。当时与亨利·福特一起工作的还有一帮亲密的热爱汽车的朋友。他们有爱迪生照明公司的引擎技师毕休普，负责点火装置的电气技师凯特，还有底特律地方银行总裁的儿子和布料批发商的儿子，这两人本来都是自行车爱好者，但最终受亨利·福特的影响，成了内燃引擎狂，他们都全力协助亨利造车。

"成功了！"亨利和朋友们相互拥抱庆祝第一辆试制车的完成。突然，毕休普发疯似的叫道："亨利，我们怎么把它弄出这个煤仓呢？"

这在发明史上几乎是很传统的趣话，发明家们没日没夜地在自己的小作坊里创作着自己的作品，作品完工时，往往"伟大"得早已超过了门框的大小。亨利·福特这辆车根本无法从煤仓的小门开出去。他马上奔回家取来一把斧头，往煤仓的小门两边猛砍，终于砍出了一个大门。妻子克莱拉和邻居们闻声纷纷前来观看，此时天还未亮，细雨纷飞。

毕休普骑着一辆自行车在前面开路，让街上的运奶马车和行人让道，亨利·福特则喜气洋洋地在引擎爆响声中启动汽车，驾驶着这个"怪物"，凭着车前摇摇晃晃的微弱煤油灯光，向越来越亮的黎明驶去。

这辆汽车是一辆汽油机"四轮车"，底盘是安装了四只自行车车轮的马车架改装的；气冷式发动机有两个汽缸，是利用改造了的蒸汽机排气管制成的；动力传送是用一根连接发动机与后轮的皮带进行的。

四个车轮和把手都是亨利·福特手工制作的,他买来自行车的轮胎和约 70 公分的车轮框,在框内侧用钻孔机打洞,再装上自行车的轮辐。安装在驾驶座前方仪表板上的方向盘也是亨利亲手制作的,他把船的舵柄改造成方向盘,安装了电线和按钮式电铃,从对轴到油门之间的驱动力量,则设计了锁链带动装置。试制这辆四冲程两汽缸式汽车前,亨利·福特本打算制造二冲程车。但在实验中,发现二冲程汽车容易使汽油过早燃烧,而使汽缸内活塞的移动无法与气体的燃烧速度相配合,因此才改为制造四冲程车。

这辆车速度分为两挡,分别为时速 16 公里和时速 32 公里,若再加上空转装置则共有 3 挡速度,车重 227 公斤,相当于两个美国重量级拳击手加起来的体重,非常轻便。但这辆车有一个最大的缺点,就是车子没有后向齿轮,只能前进,不能后退。需要回转车头时,需用两三个人把它抬起来才能改变方向。但这第一辆车已达到了亨利·福特最初设想的速度,他接下来的构想是将刹车器和点火装置进一步改进。此时亨利·福特仍是爱迪生照明公司底特律分厂的雇员,他"不务正业"研制引擎和驾驶着他那辆轰隆作响的"破车"到发电厂上班,引起厂长强烈的不满。

一次在纽约曼哈顿召开的总公司代表大会上,底特律分厂厂长特地把亨利·福特介绍给了爱迪生。厂长试图借亨利已经制出的内燃引擎汽车来试探爱迪生的反应。若爱迪生赞许,那么厂长自己也能沾点光。若爱迪生否定这种试制车,那就会让亨利受到一次应有的打击,自己也能出一口恶气。

亨利·福特被厂长介绍给了爱迪生："这位就是前一阵子在底特律研制内燃机引擎汽车并且试车成功的亨利·福特。"亨利·福特被允许坐在大发明家旁边讲解自己的内燃引擎汽车。亨利跃跃欲试，兴奋极了，他开始大声地解说，向来爱打瞌睡的爱迪生破例地抬头发问。他的问题十分准确，堪称行家里手。

"点火装置是爆发式的，还是接触式的？"爱迪生这个问题正是关键所在。

"我是试着用半接触方式实验的，本来是用活塞的移动来调整开关的，但现在我正在考虑采用其他方式。"

面对爱迪生一个又一个非常老练的问题，亨利边回答边出冷汗。最后，爱迪生结束了他那没完没了的提问，拍着桌子喊道："好的！亨利先生！继续这个实验吧！电气汽车的电瓶太重，蒸汽汽车的汽锅也是！而你的内燃引擎车就像自己扛着发电厂走一样，构想很不错！"

亨利从纽约回去以后，试着开车回故乡迪尔本，好友金骑着自行车跟在后面。这次亨利开着自己试制的汽车回乡，受到父亲和乡亲们极大的冷遇。"怪物"汽车一路颠簸地行驶在乡村小路上，在到达福特父亲的农场时，许多马匹因受惊而乱成一团，汽车开到家门口，老父亲和村民们都绷着脸。亨利在家里坐了一会儿，就又驾车返回底特律。这一次试车无疑是非常成功的，也使亨利成为这一领域公认的先驱。

爱迪生后来对亨利试制内燃引擎汽车成功大加赞赏，甚至说超过了他本人设计的电动车，是"创世纪的发明"。

世界上最伟大的发明家的赞扬使亨利勇气倍增。1899 年初，他的二号车诞生了。和一号车相比，二号车在外形上有很大的改变，车体、车轮也加大了，可乘坐两个人。车的附件增加了，出现了有衬垫的后座、铜制的车灯，还有漂亮的挡泥板，而车的整体重量却减轻了，引擎噪音变小了，车体震动也有所改善。这辆车足以和当时任何先进的汽车相媲美。

惨遭失败的两次创业

亨利是个对事业追求永无止境的人，在他成功地试制了第一辆汽车之后，紧接着他又试制了更轻便的二号车。他在汽车制造上所创造的佳绩，震动了整个底特律，惊动了底特律的政界、商界和实业界。这天底特律市长贝利竟抛开十分繁忙的政务，前来拜访亨利，并乘上福特二号车，到春意盎然的郊外游览。贝利游兴特别

浓，对福特二号车的性能非常满意。他兴奋地说："亨利，组建个公司，咱们一起干吧！"

1899年8月5日，底特律第一家汽车制造公司终于宣布诞生了。公司的第一位赞助人自然是贝利市长，麦克米兰是最大的出资人，万贯家财的大富翁、大木材商和种子大王等成为公司的股东，资本共有15万美元。这么雄厚的资金，在当时美国所有的汽车公司里是独一无二的。公司拥有150名雇员，亨利被聘为总工程师。首批生产任务是于10月底前为邮局生产4辆收送货汽车。

但是，当邮车的交货期限来临的时候，公司连一辆收送货汽车都没有生产出来，亨利这次没有成功。1900年的11月，也就是底特律汽车公司成立一年多之后，公司竟然倒闭了。

但是打击和挫折并没有使倔强的亨利屈服和退却，他在挫折中总结出了这次失败的原因和教训，在这次失败当中又探索出了新的道路，他下定决心从今以后不再听从于他人的命令。

"我始终如一追求的目标就是大众车，但为了在战略上抓住大众的心，我想目前首先应该实现的目标是试制赛车。"在底特律汽车公司倒闭的日子里，亨利深思熟虑，再一次确定自己事业发展的方向——研制轻型赛车。

亨利又在附近租赁了一间小仓库作为研制赛车的工作室，还招募了一批助手。这次亨利孤注一掷投入了5 000美元，这在当时对私人投资来说可算是一笔惊人的数目。为了凑足资金来支持儿子的事业，

亨利年迈的父亲把山林和农场全部卖掉了。随后亨利把父亲接到了自己的住处，

在20世纪初期的美国，汽车比赛是一种十分隆重、时髦、最具刺激性味道和乐趣的新兴活动。赛车的奖金非常丰厚，有的竟高达两万多美元。

当时在美国的克利夫兰，有一位非常精明的汽车制造商、名噪一时的赛车大王——温顿，由于出色的赛车成绩而名扬全美，而这又推动了他的汽车销售的步伐。在美国到处都能看到温顿"一往无前"的产品广告。对于这一切，聪明的亨利也看到了商机，于是他决定参加赛车比赛，而他所奋斗的目标就是一定要超越温顿。

1901年10月10日，底特律郊外刚落成不久的格罗斯·波因特汽车赛车场上一片欢腾。来自全国各地的100多辆崭新的赛车，在阳光下发出了十分耀眼的光芒。亨利参赛的汽车是在昨天才注册的，它只有两个汽缸，26马力，严格地说，它还没有真正地进入这样高水平竞赛的资格。排在赛车先列中的全是当时美国顶尖的高手，世界里程纪录保持者福尼埃的赛车是60马力，温顿的赛车是40马力，而赛车大王范德比尔加的进口车仅海关税就高达7 000美元。与如此壮观的车队相比，亨利的车真是太简陋了。他的几个朋友担心他根本无法同对手们相匹敌。

但是幸运之神却悄悄地降临于他。在第一场蒸汽车5英里赛和第二场汽车比赛结束之后，最后的压轴赛是25英里的竞速赛，这是底特

律全城人们盼望已久的精彩时刻。赛场上已挤了 8 000 多名观众。经过激烈的角逐，参赛的诸多选手有的因为身体不适，有的因为赛车汽缸漏气而不得不退出赛场。现在只剩下两位不能称作对手的选手，第一次参赛的亨利同汽车大赛冠军温顿展开了最后的决战。

枪声响了，决赛终于开始了，观众骚动起来了。果然不出所料，温顿刚开始就显现出了绝对的优势，他的赛车性能非常好，温顿又具有非常丰富的比赛经验，因此他一路领先，大有稳操胜券之势。

首次参赛的亨利缺乏赛车技巧，他一直担心着机件，而对驾驶技术无暇顾及，在转弯时连续失误，一下子被温顿抛出老远。但几圈过后，亨利渐渐地适应了，车速也比刚开始的时候快了许多，到了第六圈，亨利竟不可思议地赶上了温顿。正在这关键时刻，温顿赛车的尾部首先是冒出淡淡的蓝烟，后来扩大成一团黑雾，赛车大王的赛车汽缸居然也漏气了，最后赛车不得不停下来。亨利趁机加快速度，以 13 分 22 秒的成绩赢得了这场伟大的胜利！

目睹了亨利在格罗斯·波因特赛场雄风的富商们又一次萌生了组建汽车公司的计划。1901 年 11 月 30 日，也就是亨利赢得大赛胜利后的第七个星期，大富商马非再次出阵，联络 5 位投资者，各为公司投资了 10 000 美元，成立了以"亨利·福特"命名的汽车公司。但是亨利并没有认真地去履行公司的生产小规模的常规汽车的计划，他仍然沉浸在赢得赛车比赛后的欢乐气氛当中，他仍然憧憬取得更好的成绩，他所要实现的目标是建造一辆更大更快的赛车，以打破法国人创造的赛车世界纪录。亨利打着生产常规汽车的幌子，而偷偷制造赛车的秘密终于被马非等人识破了。这样福特汽车公司诞生仅仅 4 个月，亨利只带上 900 美元的现金就被撵走了。

　　不到两年时间，两次组建公司失利，两度被驱逐出门，这对于事业心极强的亨利来说，是多么沉重的打击！但是亨利并没有气馁，他依靠强健的身体、坚定的信念和幸福家庭的支持，很快便从两次失败的阴影中走了出来，振奋精神，重新开始踏上他的创业之路。

第三章　不断发展的福特公司

　　只有不断的创新才能发展，只有不断的发展才能使我们站得更高。同样，公司也需要不断的发展，如果一个公司不创新而只是一味地保守，那么这个公司就不会有太大的发展空间，同样，它的生存空间也会越来越小。成功不只是保守，更在于创新、前进。

　　福特公司通过新车型的推出和销售地区的不断扩展，其业务不断地发展和壮大。这中间既有胜利的喜悦，同时也包含辛酸的泪水。

"福特汽车王国"初期阶段

1903年6月16日，福特申办汽车公司的法律文件正式得到批准，福特汽车公司宣告正式成立。

福特汽车公司是在这样一些人的撮合下成立的：格雷做了个挂名的董事长，其实，他对这家公司的兴趣远不如他对自己所在银行的兴趣大；亨利·福特则和威利斯一起整天忙于设计车型、绘制图纸；麦肯森虽然是新公司的理财专家和总管，但是不说别的，就是他那几家煤场和煤矿已经让他焦头烂额了。

初战告捷的 A 型车

福特和威利斯的功夫没白费，由于有以前设计的赛车做样本，他们在公司成立后不到半个月就成功地造出了新的样车。雄心勃勃的福特决定按照英文字母表的顺序来命名自己的汽车车型。这种马力大、速度快的双缸实用型赛车当然就被称为"A"型车，成为福特汽车公司的第一批产品。

第一辆 A 型车的买主是一位远在芝加哥的牙科医生芬尼格，随着他的订单一起送来的是一张由芝加哥特鲁斯特和萨文格斯银行出具的850 美元的汇票。尽管只是区区的 850 美元，然而却抹平了公司账上的赤字，标志着公司的资金正式开始了自己的流转过程，从此也把福特公司推向了辉煌的顶峰。

先例已开，继往开来，以那位给福特公司带来好运的芬尼格医生订购的第一辆车为开端，来自全国各地的订单滚滚而来。麦肯森高兴得合不拢嘴，而身宽体胖的董事长格雷则为此兴奋得忘记了医生的劝告，暴饮暴食，结果病倒在床上。脾气暴躁的道奇兄弟也不再抱怨福特公司经常拖欠货款的事了。没过多久，原来那座两层楼的厂房就已经满足不了扩大生产的需要了，所以就在原来的厂房上加盖了一层来作为扩大生产的车间使用。

设计豪华的 B 型车

1903 年 11 月的一天，亨利设计出 B 型赛车，这种赛车的发动机有四个汽缸，功率至少是 A 型车的一倍，装饰得极其奢华，因此 B 型赛车的成本超过了 1 500 美元。

因为 B 型赛车价格昂贵，亨利与麦肯森发生了一场激烈的争论。亨利认为公司今后生产的汽车应以低价、实用为定位原则，而不是以生产高档车，特别是那些马力大的赛车为主。麦肯森一方面搬出董事会来压亨利，另一方面也做些让步，最后二人达成妥协，亨利除了继续设计高档豪华四缸 B 型车，还要为公司设计一款高档旅游车；而以麦肯森为首的董事会其他成员则同意亨利下一步设计以大众为主要购买力的C型车，C型车预计销售价为800美元，低于A型车。

B型高档车很快就投入了生产。事实上，这种车的设计确实是十分先进的，但是由于售价高达2 000美元，所以两个月过去了，前来订购的人寥寥无几。为此，董事会决定在圣克莱尔湖的冰面上举行一次福特汽车的促销活动，届时将由福特亲自驾车在冰面上完成一英里的冲刺，以求能创造好成绩。公司还把新闻记者、各界名流都请来，借以在公众中造成轰动效应，扩大福特公司的知名度，为将来的产品和积压下来的高速豪华车打开销路。

这次活动的成功举办使福特公司更为社会公众所接受。在此后的几个月里，不但那些积压的高档车顺利出手，就连新设计制造出来的C型车也广受欢迎，虽然这种车除了比A型车便宜50美元以外几乎没有什么大的改进。

由于再次面临出现的生产规模亟待扩大的问题，1904年4月公司得到许可，在底特律北区的皮奎特路和波比安街的交界处开始兴建新厂房。

到1904年5月底，福特汽车公司总共售出汽车658台，盈利98 851美元，此时公司成立快满一年，分红的时候快到了。

笑逐颜开的股东们在股东大会上得到了自己应有的收益，各人的股份在原先的基础上几乎翻了一番。道奇兄弟开玩笑地说："这么快的发财速度，恐怕只有走路拣金子才能比得上。"一句话把大家逗得哈哈大笑。

亨利与麦肯森的分歧

福特汽车公司的业务蒸蒸日上，1905 年，已经在市场上推出了 B、C、F 三种车型（没有 D、E 型的原因至今不得而知），市场销售火爆，取得了巨大的利润。可是，关于公司今后将如何发展，却依然存在截然相反的两种意见，一场激烈的争斗难以避免。

在 1905 年 6 月的董事会上麦肯森提出，公司应该尽快设计并生产出更加高档的汽车，尽快占领这一市场。为此，麦肯森和道奇兄弟提出要亨利和威利斯尽快设计出安装有六缸发动机的超级豪华型旅游车。麦肯森一伙甚至没有和亨利商量就把这种车列入了福特汽车公司依字母表排列的 K 型车。

"我看到该摊牌的时候了！"亨利找来了库兹恩斯，两眼炯炯地说，"我们应该提出面向大众的廉价车战略，这帮家伙这样干下去是会毁了公司的。"

在公司董事会上，亨利在发言中提出了自己的思路，立即引起了轩然大波。大病未愈、又身为董事长的格雷一听争论脑袋就痛，于是也顾不得麦肯森的一再暗示，干脆一言不发，作壁上观。当然，其他人包括约翰·道奇和那两位律师都表态支持麦肯森。麦肯森面带得意地看着库兹恩斯，等待这个昔日的亲信给亨利"最后的一击"。库兹恩斯却开口说他支持亨利·福特的意见，并举出一系列数据和材料，认为公司今后如果单纯的把产品集中在多汽缸、大功率的豪华旅游车和赛车上会很快招致严重的后果。

亨利终于有了自己公开的支持者，而麦肯森当然是气急败坏。最后，在经过了一番唇枪舌剑、大喊大叫之后，格雷做出了最后的裁决：公司在1905—1906年度按照麦肯森等大多数股东的意见生产高档豪华型赛车和旅游车，而亨利和威利斯则继续研究开发新型的价格低廉的大众车。如果本年度高档豪华车的销售状况不好，那么从下一年度开始，公司将按亨利·福特的设想大规模生产廉价大众车。对于麦肯森想把"背叛"的库兹恩斯拉下管理岗位的企图，大家则明确表示反对，因为谁都知道这个家伙具有卓越的管理才能。

吵吵嚷嚷的会议眼看就要结束了，亨利突然站了起来，宣布准备以10万美元做资金，成立一家名为"福特汽车制造公司"的企业。名义上是扩大企业规模，更好地为福特汽车公司提供零部件，实际上是为了逐渐挤掉道奇兄弟对零部件生产的垄断，削弱麦肯森的力量。当然，这又是福特和库兹恩斯商量出来的一个花招。由于这是"突然袭击"，尽管红头发的道奇兄弟的脸涨得更红了，可是一时又拿不出对策，恼羞成怒的麦肯森也宣布自己要另外成立一家完全属于他本人的汽车公司。会场再度乱作一团，格雷不停地用手帕抹去额头上的汗水，散会后不久就又住进了医院。

亨利掌握了公司的决策权

1905年11月，福特公司发生了一件有利于亨利的事，转机来了。小股东阿伯特·斯特莱罗，也就是当初以自己的厂房入股福特汽车公司的那个小木工厂厂主放弃了做一名"汽车贵族"的念头，而是把自己的股份以区区 2.5 万美元的价格出售，把得来的资金投资于南美洲的金矿生意。这一份额落到了亨利的名下。

到了 1906 年 7 月召开的董事会上，情况发生了有利于亨利的重大转折，麦肯森一年前自己成立的一家由他控制的新汽车公司——"飞行汽车公司"因为资金的来源问题产生了纠纷，出现了严重的法律问题。结果麦肯森的投资人纷纷向其追回资本，而这时麦肯森已经把资金用在了新公司的厂房建设上，为了避免破产，麦肯森被迫答应把属于他的 255 份股票（占了公司总股份的 1/4）以 17.5 万美元的价格出售给了愿意吸纳的亨利·福特。这样一来，亨利在公司所占的股份上升到 58.5%，成为公司的第一大股东。也就在这次董事会召开前的几天，久病缠身的董事长格雷撒手西去，这董事长的位置自然成了亨利的囊中之物，约翰·道奇任副总裁，库兹恩斯除了原有的职位外，还接过了麦肯森担任的财务主管一职，他在公司股份中所占的份额也上升到 10%。至于格雷的那一部分股权，由于他的继承人不愿出售，所以继续由格雷的后代保留。

很快，亨利和福特汽车公司就经受了一次严峻考验：由于麦肯森等人当初错误的生产方案，公司把生产汽车的重点转移到了生产和销售高档汽车领域，公司在这一年卖的最便宜的汽车也在 1 000 美元以上。结果到 1906 年底，公司本年度的销售量大幅度下降，年终利润统计只有 10 万美元，这个结果震动了整个董事会。

"昂贵就是灾难!"在发言中,亨利·福特再次阐明了自己的这一观点,并提出了以降低售价、薄利多销为原则的新战略,同时主张准备研究并生产规格统一、价格低廉、用途广泛、广为大众所接受的新车型,并以此作为公司今后的发展战略。这次他的主张得到了董事们的一致赞同。公司的这一举措立竿见影,1907年,在美国经济开始滑入低谷的情况下,福特汽车公司却取得了惊人的成就:赢利125万美元。于是,在年底召开的董事会上,董事们投票表决,一致同意把董事长兼总经理亨利·福特的月薪由300美元升为3 000美元,是原来的10倍。当然,这一数目同年终分红的数目相比,就显得微不足道了,董事们正是以这种方式表示了他们对亨利所取得的成绩的赞扬和对亨利的信任。

福特与"塞尔登发明专利"之间的冲突

福特公司的迅速发展,引起了其他汽车制造商和金融家的嫉恨,于是福特与"塞尔登发明专利"之间爆发了激烈冲突。塞尔登是一名美国人,他从耶鲁大学中途退学后居住在纽约,立志成为一名律师。1870年后期,他忽然对汽车产生了浓厚的兴趣。他最初被老式的蒸汽引擎所吸引,但很快又把目光投向了新兴的内燃引擎。1876年,塞尔登开发出了轻型的三汽缸引擎，并申请了专利。塞尔登在美国汽车发展史上确有建树，但他却从没制造过半辆汽车，奇怪的是美国联邦政府竟授予了他一项无所不包的汽车发明专利权。他那种"纸上的发明"实际不过是以蒸汽、电力、石油为动力来制造汽车引擎的粗糙构想罢了。

纽约一伙金融家们出资 20 万美元买下塞尔登的专利，这些金融家组织成立了特许汽车制造商协会，规定只有承认塞尔登专利，并将本厂年销售总额的 1.5％作为专利费上缴给协会，厂家才有权生产汽车。福特对存有诸多疑问的塞尔登专利一直嗤之以鼻，根本没把它放在眼里，他公开宣称德国人欧特开发的内燃引擎是福特汽车引擎的原设计，和塞尔登的发明专利毫无关系。晚年福特对此次冲突评论道："我的人生道路是坎坷不平的。我们受到了由汽车制造商协会这个市场独占团体引起的'塞尔登专利事件'的沉重打击，乔治·塞尔登——一个住在纽约的律师，1879 年向专利局提出专利申请，但他却在 16 年后的 1895 年才拿到许可证。虽然不少美国人都对研究内燃引擎感兴趣，我也不例外，但是，塞尔登的观点含糊不清，却得到专利许可，这实在令人费解。塞尔登只是以简单的观点提出专利申请，但却

从没有进行实际研究来实现他的'发动机驱动车轮'的观点。相反，我制造的引擎与塞尔登的想法截然不同，因此，对我提出控诉、兴师问罪的并不是塞尔登本人，而是汽车制造商协会的那一撮人，他们千方百计想把我逐出新汽车市场，自己独占。"

汽车制造商协会来势凶猛，全美有 9 家汽车制造公司都与其妥协谈和，乖乖地上交专利费。福特拒不加入该协会，也拒付专利费，同时仍然生产自己的汽车。有一次在该协会的一次例会上，协会的发言人正大肆强调塞尔登专利的绝对性时，福特汽车公司的列席代表柯恩斯打断发言人的讲话，高叫道："让塞尔登拿着他的专利见鬼去吧！"同时在场列席的福特又补充道："我的朋友柯恩斯已经代我答复了你们。"

二人公开向协会挑战，激起了协会的反扑。汽车制造商协会随即向联邦法院控告福特公司侵犯了他们拥有的专利。福特被传到法院出庭对质。结果是联邦法院宣布塞尔登专利有效，适用于包括福特公司在内的所有汽车制造公司。攻势如此凶猛，让福特难以招架。初战失利，一时福特陷入了孤立无援的困境，最后甚至被迫无奈宣称妥协："谁有 300 万现金就把福特公司卖给谁！"

汽车制造商协会在全美有很大的势力，各地的汽车展览基本上都受其操纵，所以福特势单力薄，大受孤立。此时福特公司的 B 型车正待推出，而汽车制造商协会在麦迪逊花园广场举行的汽车展，正是展示一切新车的最好场所和时机。福特认为自己的 B 型车只要参展，必将轰动一时。但汽车制造商协会拒绝福特公司的汽车参展。福特只好求助于费城财团的有关人士从中斡旋，经过很大的努力，汽车制造商协会才勉强允许福特的 B 型车参展，但展示场地是根本无人光顾的地下室中堆置煤炭的黑暗仓库。

这次彻底激怒了福特，福特一回到底特律，就布置了一场自己的展览，轰动全国。福特命令部下把亚罗号从仓库中开出来，换装 B 型车的引擎，亚罗号是福特早期制造的两辆大型高速赛车硕果仅存的一辆，当时与另一辆"怪物"赛车 999 号是一对双胞胎。

福特把展场定在坚冰封冻的克雷尔湖，那天清晨，寒气逼人，满天鹅毛大雪，鲜红色的亚罗号静静地停在湖畔，如箭在弦上。福特坐在驾驶座上，旁边助手座上坐着一位名叫哈夫的年轻技师，后座上坐着福特的妻子克莱拉和 10 岁的儿子埃兹尔。

克雷尔湖畔聚集了大批记者。福特双手提着 5 加仑（约 19 公斤）汽油注入油箱，公司职工穿着冰鞋在湖面撒满煤灰。亨利·福特驾车慢慢爬上湖堤，缓缓下行到结冰的湖面上。突然，他大吼一声，红色的亚罗号引擎轰响，如离弦之箭向湖心射出，这简直是一次玩命的竞速赛。银色的冰花从车身两边飞溅起来。福特沉着冷静，握紧方向盘全速行驶，最后在另一侧湖边稳稳刹住了车。这次特别的展览大获成功。

福特这次仅用了 39.4 秒的时间，就跑完了一英里路程，车速超过了每小时 90 英里，创造了非官方的世界纪录。为了庆祝这个胜利，福特和伙伴们在湖面上生起篝火，吃了一顿美味的烤麝香鼠野餐。次日，底特律各报纷纷报道："福特B型车奔驰在冰冻的克雷尔湖面上，时速90英里，刷新世界纪录。"第三天，福特公司的B型车广告则在各报宣称："未缴不当专利费的福特B型车，速度快、价钱低，是大众的汽车，不是赛车用的奢侈品。""此乃大马力双缸汽车，陡坡泥路畅通无妨。设计者是创世界纪录的天才发明家，他的智慧使本车物美价廉、可靠耐用、举世无双。"

亨利·福特后来对这则广告解释道："因为当时汽车制造商协会曾经扬言，那些买了违反专利权的福特汽车的买主都要被起诉，所以，如果我们在法庭上败诉，那么买福特汽车的人也许会害怕。如果能胜诉，那将是福特汽车普及的最好宣传。我们自信可以打赢官司，市场独占者们的气焰是不会持久的。"

福特还曾研制开发了一种N型低价车，售价只有500美元，这种车售价低廉的秘密在于采用了坚韧的钒钢。钒钢强度高而重量轻，车子开起来省油。但当时美国的钢铁厂不能生产钒钢，它需要数千度的温度，而美国使用的平炉最高温度才2 700度。

为了能够生产如此质优价廉的汽车，福特专门雇来一个懂得生产钒钢的专家，并且接洽了一家小型钢铁公司做合伙人，保证在生产钒钢的过程中若有任何损失一概由福特公司赔偿。普通钢的抗拉强度是7万磅，而钒钢可达到17万磅。一本汽车杂志载文说："N型汽车是最优良的汽车。N型汽车占有这一最重要和最有利的位置，是由于它提供了由汽油发动机驱动的低成本汽车的第一个实例，这种发动机有足够的汽缸在曲轴每转动一圈时给予曲轴以推动力，它的制造很巧妙，并且可以大量生产。"

福特不断地创新，从 A 型车到 S 型车，福特在 5 年间一共推出了 8 种车型。在这 8 种车型中，只有 K 型车是有六个汽缸的敞篷车。从两个汽缸到六个汽缸，从 8 马力发动机到 40 马力发动机，从有篷车到无篷车，福特汽车在稳步中向前发展，直到 1908 年，迎来 T 型车生产的高潮。

跨越时代的 T 型车

福特开发研制的 T 型大众车以标准化、规格化为目标，其产生的时代大背景则是第二次工业革命。

福特在这种时代条件下推出的 T 型车，赶在了时代浪潮的前端。早在 1905 年，福特就从法国进口了一辆著名的雷诺大众型轿车，福特把它拆得七零八落，检查观摩每

一个零部件，试图借鉴生产一种标准化的万能汽车。1906 年前后，福特下定决心生产一种标准化、统一规格、价格低廉、能为普通大众接受的新车型。

在福特主持下，福特公司的经典名车 T 型轿车问世了，1908 年，福特宣布他的公司从今以后将只生产一种汽车，即 T 型汽车，它集中了福特公司以前各种型号汽车的优良特点。在研制 T 型车时，福特在汽车性能上刻意求工，一切从实用出发。T 型车浑身上下找不到一丝装饰和可有可无的东西，百分之百的质朴实用。它实际上是一种"农用车"。后来经改进，将一种附加设备与它连接起来，即可带动皮带传动或农机具进行工作，是一种标准的通用车。

T 型车的优越性能

福特 T 型车的外形、颜色完全一致，顾客易保养；产品统一标准化，产品价格也大为降低。T 型车的机械原理很简单，只要稍加学习训练，所有的人都会很快地驾驶它上大街。它价格便宜得使人喜出望外，每辆以 950 美元出售，而且随着生产技术不断提高，价格也逐年下降。

美国的农民、黑人、低收入家庭都买得起 T 型车。它构造精巧、

轻盈便利，又坚固耐用。T 型车推出后，福特公司又特意聘请车手驾驶 T 型车在美国的各种地段勇闯难关，结果 T 型车征服了一切艰难得令别的车型举步维艰的路段，名声大振。

当时正是马车时代的末期，各大汽车公司的汽车都面临着征服马车时代遗留下来的马路的难题。在广阔的美国内地，根本找不到一条像模像样的公路，至于山区的道路就更加令人望而生畏，有些地方根本没有路。一般汽车在各州条件极其恶劣的土路和危险陡峻的山路上都纷纷退缩不前，瘫在那里，而福特的 T 型轿车却大显神通。它的每个零件、每道装置都是针对马车时代向汽车时代过渡的道路状况而设计的。T 型车的底盘高，可以像踩高跷那样顺利通过乱石累累或高低不平的路面，越野性能极好。

1909 年举行了从纽约到西雅图跨北美大陆的汽车竞赛，T 型车在众多赛车中大显身手。这是一次路程遥远，路况复杂，横跨沙地、泥潭、砾石滩的比赛，T 型车经过艰难的拼搏，终于第一个到达终点，一下子从众多汽车制造商的赛车中脱颖而出，在综合性能上使它们望尘莫及。1912 年，福特公司的司机又驾驶 T 型车穿越从达拉斯到圣安东尼奥的开阔地，获得农田车越野赛一等奖。同年，另一名福特公司的司机驾驶一辆 T 型车，战胜阴雨酷热，征服了西部地区的科罗拉多州大峡谷。大峡谷地带的路况如此之差，以至于福特 T 型车的驾驶员有时不得不兼任爆破手，用炸药在山石陡峻的坡段炸开一条车道。大峡谷之役的辉煌胜利，使福特 T 型车名扬全国。同时，T 型车还在各类爬坡比赛中屡次夺冠，令同行及顾客们心悦诚服，声誉如日中天。

十分浪漫的广告宣传

福特公司的广告师还为 T 型车设计了十分浪漫的广告。底特律的市民每晚在华灯初上时，都能在老底特律歌剧院的屋顶上看到 T 型车的霓虹灯广告牌，上面先显示"请看福特 T 型车驶过"的字样，随即显示一位长发飘飘的娇艳时髦美女坐在一辆疾驶中的 T 型车中，车轮飞转。T 型车的销售战略也十分精彩，1908 年亨利·福特和柯恩斯秘密地策划了 T 型车销售方案。受美国利用商品目录进行邮购交易方法的影响，福特公司秘密地印发了 T 型车的商品目录，T 型车的照片也附印其上，然后秘密地将这些目录散发给福特汽车的主要经销商。目录附有详细的说明书和价格表，经销商们都十分欢迎这种奇妙的做法。

商品目录上的 T 型车较之尚未售完的 R 型车和 S 型车，是介于有篷车和敞篷车之间的一种车型，款式更加新颖。商品目录中还强调了 T 型车的几大显著特点：一是使用了软质坚固的钒钢合金材料制造。二是四个汽缸都在由两个半椭圆形的钢板支撑着的同一个铸模内，发动机体积较小。三是变速器全部隐藏在车体内，不像以前的车型露在外面。四是方向盘设计安装在左边，与欧洲车方向盘的位置相反。福特给经销商们的定价只有 825 美元。

福特公司的工程师们此时都松了一口气。回想当初试制开发 T 型

车时，工程师们在福特公司的秘密设计室里夜以继日忙碌着，福特的
一句话——大量生产价廉、轻巧、马力强的大众车，成了设计者们的
奋斗目标和宗旨，也成了福特公司的格言，那时这句话在工程师们心
中好比天方夜谭。

亨利·福特于1908年10月1日正式拉开T型车广告销售攻势，
这是震惊世人，堪称史无前例的创举。通过各大报纸、杂志大篇幅的
广告对公众进行轮番轰炸。还在全美展开了空前浩大的邮寄广告方
式。福特公司还利用最快捷的电话和电报方式向消费者推销。

卖疯了的T型车

次日清晨，即10月2日，1 000多封邮寄来的汽车订单雪片般地
飞向福特公司，接下来，订单更是多得用麻袋装，销售部的工作人员
全都累得瘫倒在地。这些纷纷而至的订单也向福特公司提出了新的挑
战，只有提高生产能力，才可以满足现有的需求。

T型车简直卖疯了，受到社会各阶层的广泛欢迎，特别是小镇居
民和农民的欢迎。仅用了一年时间，T型车就跃居各类畅销车的首位，
成为头号盈利产品，一年内销售了1.1万辆。福特公司在销售量和利
润上，都超过了其他制造商。

福特也是知人善任的高手，柯恩斯在福特T型车的发展中也功不
可没。随着汽车销售量的增加，柯恩斯为了降低成本，总是通过谈判
从零件制造商那里取得最优惠的条件，以低于成本的价格买到零件。

柯恩斯还设法使分摊到每辆车上的运输费用大大减少，从而开辟另一个新的利润来源。最重要的是，柯恩斯到 1912 年已网罗了 7 000 名销售商来推销福特汽车。他先是到各市镇去，去当地银行存一笔款子，要银行贷款给该市镇新涌现的福特销售商。然后，柯恩斯给销售商运去一批汽车，要他们必须卖出。亨利·福特也告诫销售商："一个销售商或一名推销员应当有一张他的辖区内每一个可能成为汽车买主的人的名单，包括那些从来没有买车念头的人。然后，如果可能的话，他应当亲自拜访，至少也要通过写信向名单上的每一个人兜揽生意，做必要的记录，向每一个你兜揽过的人了解有关的汽车的情况。如果你的辖区太大，做不到这一点，那说明你要缩小这个辖区。"

这证明福特不仅是制造和开发汽车的大师，同时也深谙销售之道。1914 年，福特甚至采取了给顾客回扣的做法，给每位购买汽车的顾客回扣 50 美元，这使福特公司一年总共要开支 1 550 万美元。但这换来了四面八方对 T 型车的赞扬之声，甚至美国国家税务上诉委员会也在 1928 年评价道："T 型车是一种很好的经济实惠的车子。它的声誉极好，在 1913 年已完全确立了它的地位。各阶层的人都使用它。它是市场上最便宜的车子，而它的实用价值又超过任何别的车子。由于价格低，对它的需求大大超过任何别的车子。按它的价格，大多数人都买得起，因此，大家都争相购买。市场的需求量比任何别的公司的车子都大。"

但"塞尔登专利"阴魂不散，像幽灵一样一直伴随着福特公司的发展。T型车的辉煌成功使汽车制造商协会更加紧了对福特的围攻。但福特一向是个不会轻易屈服的人，在首战失利后他一直向上一级法庭上诉。1911年，联邦上诉法庭宣布"塞尔登专利"不适用于福特T型车。福特终于获胜，而且这次胜诉成了T型车的最佳广告，亨利·福特高兴地说："这次事件把公众的注意力吸引到福特汽车公司，亏损的只是其他所有竞争者。"

福特T型车所掀起的汽车普及潮给美国人及美国大都市都带来了前所未有的好处。在汽车普遍使用前，纽约市的大街上每天要洒流6万加仑的马尿，250万磅马粪，倒毙40匹马。福特T型车制车艺术所追求的经济目标是1加仑（约1.78公斤）汽油可跑35公里，并且时速75公里，最后使每辆T型车的成本降到260美元。

T型车自1908年问世到1927年停止生产，19年间，总共出产15 007 033辆，创下前所未有的喜人纪录。西德福特厂的金龟车远不能和福特T型车相提并论，金龟车在发售的第21年才突破1 000万辆大关。另外，后来曾使美日之间贸易关系紧张化的"元凶"——日本汽车，对比美国汽车的年输出量，把丰田、日产、本田、三菱、铃木等几家公司的销售量都加起来，不过只有230万辆。福特汽车在其顶峰期时，世界汽车市场的68%都属于T型车。

首创汽车"流水装配线"

市场上对 T 型车的需求量急剧增长，而福特公司此时还是靠技术精良的技工手工组装，福特渐渐意识到这种原始的生产方式——组装技术与工序应该和马车一样退出历史舞台了。

不辞辛苦建设"流水装配线"

根据对芝加哥屠宰业流水线的考察和由此受到的启发，亨利·福特下令道："此后要改为引擎、零件的装配流水作业的方式。"

一辆福特汽车大约有5 000个零件，过去通常的组装方式犹如建筑工人待在一个地点，将一幢房子从地面慢慢造出来，效率不高，场地上零件堆码无序散乱。福特渴求汽车生产的连续化、专业化、合理化，使各种设备井然排列，使工件能不受阻滞地从一台机床"流向"下一台机床，连续高效地生产。

为了创立大规模生产流水装配线，亨利·福特的方法是亲临试验第一线。他离家搬到了厂里去住，不放过每一个改革和创新的机会。尽管此时福特已经是百万富翁，也年至 5 旬，但他精力旺盛，好奇心特强。每天早晨 7 点钟，福特公司的员工们就看见他巡视在工厂的各个部门之间。

生产方式的转变不是一朝一夕的事，也不是靠一两个人就能解决的，所以福特将自己的另一个绝招：善于招揽和使用人才——充分使用。亨利·福特从各处挖了几位管理和设计方面的高手来实施福特公司生产方式的转换战略。其中一位是法兰德斯，在贝尔比大道新成立的福特公司的装配工厂担任 N 型车的设计工作和生产管理。法兰德斯不仅仅是一名精明的商人，而且也是引导美国许多产业走向工业化生产的一大非凡人物。他出生于美国东北部的弗莱蒙特州，曾担任过胜家牌缝纫机的对外业务员，为了标准型缝纫机的大量制作，亲自订购铁和钢材等物。他对原材料的大量采购很在行，认为只有这样才能降低成本。还在他制作胜家牌缝纫机时，他就提出并实践了流水作业的生产方式。法兰德斯作为当时公认的工厂专家，接受福特的聘请时要价颇高，还提出了近乎苛刻的条件：必须允许他自定工资、自由干预生产。出乎福特公司所有人的意料，福特答应了法兰德斯的全部条件，而且还主动提出：如果法兰德斯能在一年内生产一万辆汽车，将会获得两万美元的奖金。

法兰德斯果然不负众望，实乃管理工厂的一大高手。他就任福特公司的生产经理后，不但改装了旧设备，添置了新设备，而且简化了一千多名工人的工作程序，使生产效率大为提高，初步具备了科学化大规模生产的条件。结果，法兰德斯提前两天完成了原定一万辆的年度生产指标。后来法兰德斯又被底特律的韦恩汽车公司挖走了，但他的工作为福特公司下一步实施流水装配线打下了坚实的基础。亨利·福特也从此学到了许多技术管理知识。

另一位 37 岁的年轻建筑师阿尔巴顿则被亨利·福特聘来设计福特公司的新汽车厂。在人口 4 000 左右的海兰德公园绿地，亨利·福特花巨资购买了一块工厂用地，面积为 60 英亩。这块地位于底特律北方，周围环绕着新兴的卫星城住宅区。阿尔巴顿的设计生涯并不长久，但短短的两年间就取得了十分显著的成绩，与福特公司的老厂邻近的别克汽车公司的新厂就是阿尔巴顿一手设计的，堪称杰作。福特十分赞赏，称阿尔巴顿是"太阳工厂的设计师"，将海兰德公园的福特新工厂设计大任交付给他。福特对阿尔巴顿完全信任，阿尔巴顿感到非常欣慰，设计起新工厂时更加用心。

阿尔巴顿的设计构想是："把新工厂设计成长 260 公尺，宽 23 公尺，四方形的四层楼建筑，以钢筋混凝土为材料，并且玻璃占建筑物外观总面积的 75%。"仅玻璃幕墙达 75% 这一点，在当时就是一大标新立异之举，一般人觉得这样的设计根本不可思议，但亨利·福特则大加赞赏，并且从生产角度补充道："机械厂房设在另外一边，是一栋玻璃房顶的一楼建筑。此外，总厂和这栋玻璃屋顶的机械厂房在天井中有钢梁相通，上面配辆吊车，这样制造完成的引擎或变速器就可以利用天井中的吊车吊运到总厂去了。"

根据福特的特别强调：总厂四楼全楼面的天井也要加装吊车。还要建造利用重力倾斜方式的生产流水作业台，这样成品就可以由高处向下自然滑动，工人就可以不动，只要产品移动就可以了。阿尔巴顿的设计兼顾了现代工厂建筑的外观特征和福特所强调的内部生产结构特点，使亨利·福特的快速造车秘诀得以实现，福特式的生产方式在这样的新工厂里运作得相当成功。

从 1910 年到 1920 年间，整个汽车行业都一致公认：福特汽车公司的生产和行政管理人员，是美国汽车制造领域的精英。正是有了这批人才，世界第一条汽车流水装配线才得以成功的创立，"福特生产方式"才得以产生，福特汽车才产销两旺，财源滚滚。

"福特生产方式"的诞生

在福特汽车公司专家艾夫利和克朗等人的精心设计下，厂里进行了一次又一次流水生产线的试验。1913 年 8 月，在新工厂成功地进行了"运动中的组装线"试验。

整条组装线由一台卷扬机上的一根钢丝绳缓缓牵动，试验以汽车底盘开始，以成品 T 型车终止。行进中的组装线每一分钟都处于"生产"之中，6 名组装工随工件移动，一会儿在地上行走，一会儿坐在车架上随车移动。所有的零部件和必要工具都放置在流水线沿线选好的特定位置上，伸手可取，当一辆车缓缓行进到终点时，意味着组装完成。这次成功的组装试验，结束了以前总装线上拥塞不堪的局面，并把组装一辆 T 型车所需的时间缩短了 50%。

亲临现场验收结果的亨利·福特欣喜若狂，简直比他当初敲敲打打造出福特 1 号车还要兴奋。他当即下令立刻建造两条移动式总装线。1914 年 1 月，公司安装了第一条全过程链式总装传送带。3 个月后，创造了 93 分钟内从无到有地组装一辆汽车的世界纪录。不久，总装配线两边又安装上了悬空的移动式零件供给线，解决了场地零件的拥塞问题。但由于传送带系统的日益复杂，总体装配线越来越受局部牵制，生产线上任何一处发生严重事故，都会导致全线停车。如何把各种部件定时定量、准确无误地送至总装线的问题尚待进一步解决。而且当时福特 T 型车的许多部件仍靠手工制作，所以次装配线常常落到总装配线之后，生产上很难协调一致。

福特公司的四大高手帮福特闯过这道难关，为装配线的改进立下汗马功劳，他们是索伦森、马丁、努森和机械师埃姆。埃姆这位精明能干的德国工匠在福特旗下效劳，使福特如虎添翼。埃姆工作起来默默无闻，埋头实干，但又善于调兵遣将，他手下还聚集着三大怪杰：公司的"千里眼"摩根那、"探子"劳德雷特和"检察官"韦德罗。

经过无数个日日夜夜的苦苦求索，崭新完善的"福特生产方式"终于诞生了。这种"流水装配法"当时称之为"福特制"，福特制继承和发展了泰罗制原理，可以对整个工艺过程同时进行管理。福特这样强调这种新的生产方式的革命之处："它使工业劳动的陈旧套路为之一新，当所有的机器连续开动时，新方式是把作业向人移动，而非过去老一套是人向作业移动。过去那种弯腰从地上把工具及零部件捡起来的劳动并不是生产劳动，而是劳累，所以材料应该全部放在工人齐腰的高度。"

这种流水作业法和生产标准化，缩短了作业工时，节省了搬运时间，从而缩短了整个生产周期，提高了劳动生产率，但由于输送线速度加快，工人的劳动强度大为增加。

到 1915 年，公司已在 27 个地区建立了装配工厂。"福特制"生产方式使福特工厂面目为之一新，连创世界汽车工业划时代的生产纪录：1920 年 2 月 7 日福特工厂创造了每分钟生产一辆汽车的纪录，1925 年 10 月 30 日甚至创造出 10 秒钟生产一辆汽车的世界纪录，令其他汽车制造商望尘莫及。

事实上，"福特生产方式"也确实掀起了世界范围内具有历史进步性的大量生产的产业革命。

"5 美元" 引发的福特革命

福特汽车公司随着流水装配线的诞生和 T 型车的畅销，使亨利·福特在汽车领域中可谓取得了登峰造极的地位。但是福特公司在这样激动人心的年代里也存在着巨大的阴影，这就是令一切资本家都感到棘手的劳工问题。劳资关系如果处理不好，那么福特汽车的繁荣将是昙花一现。

亨利决定实施"5 美元"日薪制

高峰期的福特汽车公司装配流水线上的工人每天工作 9 小时，1913 年福特公司的最高日工资是 2 美元。这个工资额在当时美国汽车行业中还说得过去，既不高，也不低。关键问题在于严密的编制和高速的装配流水线使工人难以应付，往往造成每天 10％的旷工率，只得雇佣大量临时工，仅仅 1913 年雇佣的临时工就达到了 400％。而福特汽车公司此时对劳资关系还掉以轻心，对装配流水线真正的主体——工人——的情绪和处境体察不够，而是像一切精于奋进的企业一样，把赚到的钱全部投资于扩大再生产，投资于机械设备的永无穷尽的更新，以至于福特汽车公司几乎没有一个工作日不采用新的节约劳力的机器。工人们对夜以继日的高强度劳动制度早已不满，如今快到了忍无可忍的地步。

　　醉心于永无止境开发生产的亨利·福特对此毫无觉察，这种几乎使"福特生产方式"功亏一篑的劳工逆反阻力，还是亨利·福特的独生子埃兹尔发现并提请父亲注意的。作为汽车大王亨利·福特的儿子，埃

兹尔出生之后便是在摇篮里闻着汽油的气息、听着引擎的轰鸣声长大的。几岁时就常被父亲带着同乘玩命似的高速赛车。他从小学起，就对汽车设计和实验表现出浓厚的兴趣。每天放学后都必先到福特工厂和实验室转悠一番，然后才回到妈妈那里。

福特 T 型车问世时，埃兹尔已经 14 岁，此时已成为一个对汽车相当敏感的少年。当埃兹尔高中毕业进入一家私立的底特律大学后，父亲送给他的贺礼是一辆漂亮的 N 型轿车。他高兴得手舞足蹈，开着生平第一辆属于自己的汽车在底特律到处兜风。

大学毕业后，埃兹尔作为家族唯一继承人进入父亲的公司任职，致力于流水装配线的研究。他不仅对研究部门的技术开发兴趣浓厚，同时对经营管理的艺术也十分留意。在 20 岁那一年，埃兹尔已成为公司举足轻重的一员，有些时候甚至起着当年福特公司创业时期亨利·福特的得力助手柯恩斯的作用。柯恩斯后来因与福特有矛盾而离开公司，随后出任底特律市长。

1914 年 1 月 6 日是个周末，亨利·福特在独子埃兹尔的陪同下，在工厂区内随意地漫步巡视着。路上不时碰见匆匆而过的工人和管理人员，他们都带着礼貌和敬意向这对父子点头致意。巡视完工厂后，埃兹尔忧心忡忡地问父亲亨利·福特："爸爸，我发现职工们看你的眼神似乎不太对劲，您注意到了吗？"

福特经埃兹尔一提醒，回味了一下，突然有所发觉，也觉得有点奇怪，但不明白是为什么。通过与儿子的交谈，亨利·福特承认以前常和职工沟通交流,但近期因为职工人数激增,所以沟通和交流很少了,但埃兹尔倒是经常泡在第一线和职工们交流。埃兹尔告诉父亲,刚才他从公司职工们的眼神中发现了一种不满的情绪,虽然不是很强烈,但发展下去前景堪忧。由于大量生产的方式一实现,T型车十分畅销,但反而使职工们情绪低落,对现行的劳动制度有所不满。儿子的感觉和发现使亨利·福特大为震惊,这位向来崇尚实干的老人于第二天——一个星期日,突然下令停止休假,召开全公司干部紧急会议。

在星期日紧急会议上,福特首先把矛头指向了公司生产主管苏伦森,苏伦森可以说是这次劳资危机的始作俑者。苏伦森在工作态度和技术方面都深得福特赞赏,但他有一点却令福特不满,那就是他生性喜欢吹毛求疵,一向轻视比自己地位低下的职工,态度傲慢,要求极为挑剔苛刻。他是一个超级工作狂人,而且要求工人也像他那样。苏伦森一周工作6天,白天从不休息,每天熬夜到很晚。他要求一周工作时间应达到60小时,尤其是在T型车畅销之时。他经常不过问职工们的想法,武断地命令职工加班。工人们苦不堪言。

福特面对全体不知所以的干部,突然问苏伦森:"现在工厂的平均日工资是多少?"苏伦森不明其意,不假思索地答道:"2美元。"福特随即要求:"上一期的利润超额很多,红利高达20 000%,超过股东资金的200倍。这个你是知道的!再把工资提高点!"苏伦森面有难色:"这些我都知道。可是我们现在的2美元,已经比附近的别克汽车公司的工资额多出20%了!"福特仍不改口:"再提高点!"苏伦森让步:

"那就加到 2.5 美元吧！"他以为这个数字已经撑破天了。福特一口打断："还是太少了，苏伦森先生，加到 3 美元！"

随即亨利·福特神情严峻地把矛头转向公司的财务主管柯恩斯："这一期要是能依预定计划销售完，就是 3 美元工资制，公司还是有赚头。"柯恩斯心事重重地答道："是有赚头。但我们一家把工资提到 3 美元，我想全美其他企业对此是不会保持沉默的。"作为出生在移居到加拿大安大略省的意大利移民家庭的孩子，柯恩斯从小生活在一个安宁的家庭中，形成了他凡事谨小慎微的性格。他向福特强调如果突然大幅度提高工资，应该顾及到底特律汽车城以至全美主要企业的反应。福特略略停顿之后，突然大声宣布了下面这个在美国产业史上革命性的决定："好，决定了！从明天开始，福特汽车公司的工人每天最低薪资升为 5 美元。"全场无不目瞪口呆。

"5 美元"日薪制的风波

亨利·福特 5 美元工资制比世界产业工人工会联合会的设想还要激进，在美国产业史上写下了高薪制度历史性的第一页。

其实福特汽车工厂自开办以来，在劳工福利方面搞得还是不错的，付出的工资高于其他汽车公司，还先后为工人开设了医院、食堂和商店，为职工子弟开办了一所中等专业学校，但这些都比不上急风暴雨式的"5 美元"革命。

在福特汽车公司举行的记者招待会上，福特和柯恩斯向云集而来的记者宣布：福特汽车公司出于劳资双方的共同利益，本着利润共享的原则，计划在一周后，在公司普通工种之中实行 5 美元工作日。任何合格的福特工厂工人，即使是最低工种如车间清洁工也不例外。他们还宣布，除了"利润分享"计划外，公司还将实行 8 小时工作制，废除过去的 9 小时工作制。并设立工种调换部监督工人的工种调换，以保障他们找到合适的工种，公司保证雇员一年内的职业，在生产淡季也不随意解雇工人，而将他们送去农场劳动。从此以后，厂内工头如果随意解雇普通工人，将要受到工人上诉权的制约。日后成为底特律市长的柯恩斯随即以一种政治家的口吻宣称："这些政策措施是福特公司在工人报酬方面实行的一项迄今为止工业界未曾有过的最伟大的革命。"话语极富煽动性。

亨利·福特对亲密助手柯恩斯的宣称频频点头。最后，他强调指出：他倡导的这项改良，将是新工业秩序的起点。在他的公司里，宁愿有两万名富裕、满足的工人，也不愿意出现一小撮新的工业贵族。福特最后还宣布，福特汽车公司在实行 5 美元工作日的同时，将招收 4 000 名新工人。亨利·福特和柯恩斯的宣言，引起了全美各界暴风骤雨般的反响。

《纽约时报》次日即发表文章，高度评价亨利·福特的创举："福特汽车公司董事长亨利·福特提出日薪5美元的最低薪资政策，此乃划时代的利益分享政策。这项政策的受益者包括全体职工。同时，福特提出的一天 8 小时工作制度，也是保护劳工的一大创举。据福特公司发言人表示，该公司将从本年度的总决算中，抽出公司总收益中的 1 000 万元巨额利润分享给全体职工，这是美国劳工史上的大革命，这阵革命的风暴势必对欧洲带来很大的影响。"但反对福特的舆论也甚嚣尘上。

《华尔街经济日报》则攻击和华尔街关系一直很紧张的亨利·福特，说他是个发神经的乡巴佬，在产业革命时代，一天 5 美元的工资制简直是想毁掉资本主义制度。福特汽车公司的车间清洁工，过去一天 2.34 美元的工资已经有些过分，现在居然要升到日薪 5 美元，实在有悖于资本主义理论，令人难以容忍。这简直是"经济犯罪"。

金融界、实业界出于对福特的嫉恨，咒骂 5 美元工作制，攻击福特是实业界的叛逆，是江湖骗子、幻想家、追逐名利者、不正当竞争的恶棍。各大城市属于资本家的喉舌报纸纷纷渲染福特的行动将会导致一场全国性罢工的传染病，会使其他无法实行薪资革命的工厂主一败涂地。有些报纸甚至咬牙切齿地断言福特计划是地地道道的乌托邦幻想，从它诞生起就包含着自身失败的因素。

福特汽车工厂门口也随即成了社会新闻爆发的中心。新的"5 美元革命"甚至引起了一次美国人口全国范围的大迁徙。福特日薪计划发布的第二天，福特汽车公司大门就被求职者围得水泄不通。数千人盲目地蜂拥而至，一边动手猛烈敲击工厂紧闭的铁门，嘴里发疯似的叫道："5 美元！5 美元！"这群疯狂的求职者分别来自中西部的印第安纳波里、辛辛那提、密尔沃基等地。面对这种混乱不堪的局面，福特公司不得不打出警示广告牌："底特律市民优先！"

1月17日，来自全国各地的职员、工人、农民求职者高达12 000人，他们冒着严寒、饿着肚子，聚集在福特工厂所在的高地公园，场面混乱，致使在福特工厂上班的正式职工无法通过。最后求职者和警察发生冲突，警方用高压水龙才把他们驱散。

亨利·福特的"利润分享"计划赢得了一大批普通群众的拥戴和崇拜。几天后，当亨利·福特和柯恩斯来到纽约时，纽约市民再也不把他们看成是以前那种普通的汽车制造商了，而是当做第一流的社会知名人士。新闻记者包围着他们。在福特下榻的旅馆，有上千封信件在等待着他，电话响个不停，为躲避崇拜者的侵扰，福特不得不采取措施：拆除了房间里的电话。

在新闻界，亨利·福特也并非孤立无援，还是有若干重要的报纸推崇福特的创举。纽约素来极具煽动性的《哈斯特报》给了福特极大的支持。该报以"百万富翁福特的勇敢举动"为题，连续几天登载长篇报道，并称亨利·福特为美国英雄，对他的"5美元革命"做了热情洋溢的高度评价。

"利润分享"的实施

继福特公司推出与工人的"利润分享"计划后，1914年7月福特和柯恩斯又宣布了一项与购车者的"利润分享"计划，福特汽车公司这两大计划的实施，可谓把汽车产业的两大对象——生产者和消费者都紧密地团结在一起了。通过"利润分享"这个战无不胜的手段，把工人和顾客都紧紧地绑在了一往无前的福特汽车上。

　　新的"利润分享"计划宣称：如果福特汽车公司在今后的 12 个
月内销售出 30 万辆汽车，那么每个购车者都可分享到 50 美元的利
润。到 1915 年夏天，该计划顺利完成。福特公司售出 30 万辆以上
的汽车，30 万购车者平分了福特公司的 1 500 万美元酬金。他们更
成了福特汽车的义务宣传员，称赞福特是第一位把大规模生产和消
费结合起来的资本家，甚至连一些改良家和工人运动领袖也开始称
赞福特。

　　"5 美元"的日薪制驱使工人"服服帖帖"地为福特公司工作。
工人们渐渐明白了要挣到每天 5 美元的工资，就必须服从 5 美元工
资的纪律：福特汽车公司要求工人提高生产效率和接受公司的种种
规定，不这样就要被解雇或者决不会拿到最高工资。一个工人必须
经过试用合格，才有资格拿到 5 美元的工资。这样一来，跳厂的工
人大为减少，劳动力变更率降低了 90%；无故旷工的人更少了，由
过去的 10% 降到 36‰。

庞大的汽车制造联合企业——荣格工厂

　　1918 年 1 月 4 日，福特汽车公司开始建设庞大的汽车制造联合
企业——荣格（Rouge）工厂。

亨利·福特年幼时经常在离家不远处的矮树林玩耍，那片矮树林位于美国密歇根州迪尔本市以南数公里的荣格河旁。他对那个地方情有独钟，成年后便逐片地买下来发展他的汽车事业。

这里就是后来被称为荣格的汽车生产基地，但它并非一般汽车生产线那么简单，而是亨利·福特理想中的一个能自给自足、从原料至汽车制成品都可在同一处地方生产的车城。

福特认为，唯有自给自足、不假外求的"垂直综合"方法，才可改变汽车的生产模式，荣格的概念就是将整部汽车的每一个部件，即钢铁、橡胶、玻璃以至发动机等所有的汽车组件，均在一个屋檐下加工、制造和装配。荣格工厂设立之前，福特汽车原本是在高地公园厂房出产的，该厂多次因为供应商缺货而停工，这更加强了亨利·福特要自给自足的决心。

福特在荣格工厂厂房之外，会依靠在密歇根、明尼苏达和威斯康辛州所拥有的多达 280 000 公亩的树林和矿场提供制车所需的原材料。要将这些物料运到荣格工厂，福特更要拥有自己的铁路运输网络。在 20 世纪 20、30 年代的福特全盛时期，你可以见到大型火车不停地将各地出产的原料运到荣格工厂，然后原料就在这里变成不同的零件，再装配成一部部汽车驶离工厂。

荣格工厂有自己的船坞、炼铁和玻璃的熔炉、滚碾机，还有轮胎厂，压制厂，发动机铸造厂，底盘、变速箱和水箱的生产厂，漂染厂，甚至连生产制车所需工具的厂房也有。在荣格工厂内，每日最高可熔化 6 000 吨钢铁、500 吨玻璃，每 49 秒便有一部新车制成出厂，亨利·福特曾形容荣格工厂是一个"由原料直至完成品工序均无停顿的地方"。

荣格工厂首先落成的是占地 12 公亩的炼铁厂，能提供造车所需的钢、铁和铜等材料。荣格工厂是当时全球最大的同类工厂。

占地广大的荣格工厂，在生产高峰期曾有 10 万人同时工作，可以说是一个无人居住的城市。要令这个城市运作正常，厂内自设 16 台火车、长达 160 公里的轨道、定时的公车服务，以及 24 公里长的柏油路，使员工可以快捷地四处走动。

另外，基本设施方面还有消防局、警察局、雇有全职医护人员的医院，以及 5 000 个负责厂房维修的工人。1920 年，厂内更是配备了一座巨型发电机供荣格工厂及高地公园工厂两厂同时使用，其发电量之高，甚至每日要将数千万瓦剩余的电力供应底特律市民使用。

其实，由荣格工厂出厂的第一部汽车并非亨利·福特希望能大大降低成本的 T 型车，在 T 型车的生产线还未完全由高地公园工厂转到荣格工厂之前，亨利·福特便迫不及待地希望将廉价汽车惠及农民,于是一部大量生产的拖拉机 Fordson 就成为由荣格工厂出产的第一部交通工具。实际上,由于亨利·福特在很长的日子中不断地将新的改进、新的意念改用到工序上,无人能清楚地指出荣格工厂的 T 型车流动生产线是何时正式成立的。

1927 年,举世期待的作为取替 T 型车的全新福特汽车——新款 A 型车正式在荣格工厂出厂。新款 A 型车是第一部被亨利·福特喻为"由原料至完成"都在荣格工厂进行大量生产的汽车。1928年,整个荣格工厂终于完成兴建工作,但厂房却从未因此而停止发展。只要有新的而又有更高效能的机器出现,亨利·福特就会不惜工本地买下来,然后将整个部门重建以迁就这些新机器。

荣格工厂出产的汽车,继 A 型车之后,30 年代有 V8、B 型车,以及后期数不清的 Deluxe、Mainline、Cresline、Fairlane、Thunder-bird、Mercury 的 Cougar 及 Lincoln 等,还有现时仍在投产的 Mus-tang,这也是目前唯一由荣格工厂出产的福特汽车。

福特汽车荣格工厂的目标是实现其称之为"从大地到成品"的连续物流。用福特的话来说,这个思想就是要实现"从原材料到制成品的连续的、不停顿的过程,甚至没有作为仓储的停顿"。

能在一个地点、用一天的时间亲眼目睹汽车生产的全过程,全世界只有荣格工厂这一个地方。

落后一步的惨痛代价

在亨利·福特建立他
的流水线之前，当时的汽
车工业完全是手工作坊型
的，三两个人合伙，买一
台引擎，设计个传动箱，
再配上轮子、刹车、座位

等。装配一辆，出卖一辆，每辆车都是一个不同的型号。由于启动
资金要求少，生产也很简单，每年都有 50 多家新开张的汽车作坊进
入汽车制造业，但大多数的存活期不过一年。福特的流水线使得这
一切都改变了，个人生产汽车的时代终结了。在手工生产时代，每
装配一辆汽车要 728 个人工小时，而福特利用生产流水线把这一过
程缩短为 12.5 个小时。

在福特实施流水线之后，福特公司的生产成本大大降低。针对
福特汽车的价格优势，由 29 家厂商联合组成的通用汽车公司在阿尔
夫雷德·斯隆的领导下，在内部推行科学管理的同时，采用了多品
牌、多品种的产品特色化策略；在联合公司的框架下，实行专业化、

制度化管理；在采购、资金和管理取得规模经济效益的基础上，保留了众多相对独立的像凯迪拉克、别克、庞蒂亚克这样的著名品牌；在产品的舒适化、多样化、个性化上下工夫。1924年，通用汽车公司推出了液压刹车、四门上下、自动排挡的汽车，1929年又推出了六缸发动机，而福特的T型车仍然是四缸、双门、手排挡。

面对通用的攻势，亨利·福特根本不以为然，他不相信还有比单一品种、大批量、精密分工、流水线生产更经济更有效的生产方式。对于销售人员提出的警告，福特认为他们无非都是出于营销部门局部利益的危言耸听。福特不止一次地说，福特汽车公司面临的唯一问题就是供不应求，而对于长期沿用低价策略产生的问题视而不见。即使后来问题已经发展到很严重的地步时，福特也不愿意从根本策略上去找原因，也不愿意改动自己的汽车设计去适应市场要求，而只是寄希望于在现有的框架内解决问题。每次通用汽车公司推出一个新型号汽车，亨利·福特的策略是坚持其既定方针——以降价来应对。从1920到1924年，福特多次降价。其中1924年一年就降了2次。但是，长期沿用降价策略的前提是市场的无限扩张，而1920年以后，随着人们收入水平的提高，人们对汽车的需求转向多样化和舒适性。代步型的经济低价车的市场已经近乎饱和，同时，长期的降价经营使得福特公司利润率已经很低，继续降价的余地很小。农夫型的T型车靠降价促销，靠"生产导向型发展"的道路已经走到了尽头。

眼看着通用汽车一点一点地蚕食福特的汽车市场，福特公司内许多人都非常着急，希望亨利·福特能够及时调整策略，按顾客的需求重新设计产品，但是这些合理建议都遭到了福特的拒绝。如果说亨利·福特一开始对单一品种策略问题的视而不见，只是一般认识问题的话，他后期的长达二十多年的对任何转换经营策略建议的压制，则反映了在管理决策问题上非经济因素的巨大影响和福特公司在内部管理机制上的严重问题。

虽然亨利·福特当时在汽车行业各方面几乎都占据了垄断地位，一般来说并不难回应竞争者的挑战，但是，亨利·福特的问题恰恰是他的长处在新的环境中转化成了短处。通用汽车的竞争指向的是福特体系的核心：单品种大批量生产。要想对通用汽车的攻势作出有效的反应，福特汽车必须对整个生产流程的组织设计、产品观念作出根本性的改变，而这对于把流水线视为最高理想境界的亨利·福特来说是绝对不愿意看到的。亨利·福特的理念是在产品的制造环节上追求最高效率，追求工艺流程的科学化，为此亨利·福特冻结了产品技术，拒绝了一切试图改善 T 型车的建议。早在 1912 年亨利·福特访问欧洲时，他手下的几个工程师就策划改进 T 型车。他们把车身延长了 12 英寸，又降低了重心，使之驾驶更平稳、更舒适。福特回来后，工程师试图给他一个惊喜，可是亨利·福特看着新车样品模型一言不发，默默地转了好几圈。最后，他一把揪掉了左车门，然后一脚踹掉了右车门，又把后座椅丢出车外，最后绕到车头前一锤子把挡风玻璃砸了个粉碎。虽然在整个过程中亨利·福特自始至终未说一句话,他的意思却表达得再明显不过了:除了他自己,谁也不能动他的T型车。

即使是福特最好的老朋友提的建议也同样如此。富兰克·库利克(Frauk Kulilc)是福特早年试制赛车时的老朋友,他希望自己的车子能有更强大的功率,建议亨利·福特造一个大一点的引擎,亨利·福特为他单独试制了一个马达,把每个汽缸的尺寸从1.25英寸减少到1英寸,造好后有意不作说明让富兰克试开,然后问他是不是马力更大。天真的富兰克不知有诈,老老实实地说他觉得新引擎马力更大,亨利·福特这时打开车盖,富兰克这才发现新的引擎其实更小而不是更大。看着目瞪口呆的富兰克一脸窘相,亨利·福特才算出了一口气。福特汽车是亨利·福特的汽车,是亨利·福特的发明创造,他不能容忍别人对他的毕生心血指手画脚。对于富兰克、对于顾客,T型车不过是一种车型;对于福特公司的雇员,T型车是一种产品;但对于亨利·福特,T型车却是他一生理想的结晶,是他生命的一部分,甚至是最重要的一部分。他的成功和失败,他的喜悦和酸辛,已经完完全全和T型车交织在一起了。任何对T型车的批评,都被认为是对他本人的批评。此后的三十年中,任何对福特的T型车提出改革建议的人都在亨利·福特的石墙一样的顽固面前碰了壁,连亨利·福特的儿子也不例外。

亨利·福特的儿子埃兹尔非常爱他的父亲,对父亲和父亲的事业非常忠诚，始终尝试着用非常耐心的敬爱的方式说服亨利·福特跟上新时代的脚步，不幸的是他的忠诚却被亨利·福特视为软弱，对他的建议嗤之以鼻。每当埃兹尔用通用汽车和斯隆作比喻，争论说管理应当专业化时，亨利·福特就会用自己的亲身经历驳斥，说没有受过正规教育的粗人更懂得如何创业。

虽然他有时也会给埃兹尔的改革建议开个绿灯，但然后又会无缘无故地中途下令停止。1929 年通用汽车公司推出六缸引擎后，埃兹尔多次恳求父亲让他试制，亨利·福特始终不同意。后来，埃兹尔自认终于获得了父亲的默许，开始与福特公司的总工程师一齐试制。六个月以后，就在他们即将试车时，总工程师接到亨利·福特的电话，说是他刚刚安置了一条专门运送废品的传送带，请他一起去看看。这条传送带的顶端在厂里废料堆上方，厂区的废料就在这条传送带上运送过来，直接倒入废料堆。不一会儿传送带开动了，令总工程师和埃兹尔大吃一惊的是，被传送带送上废物堆的第一件废料，竟是他们辛辛苦苦试制了六个月，即将试车的六缸马达。亨利·福特看着几乎惊呆了的总工程师和儿子说："现在你们搞懂了没有？要在我这里搞什么新花样，永远休想！"

由于市场压力，亨利·福特以后终于批准了六缸汽车上马，但那已是 7 年之后；福特后来也批准了液压刹车上马，但那已是 14 年之后，为时已经太晚太晚。福特车的销售不断下降，而外部环境的恶化又使得亨利·福特变得越来越孤僻，越来越听不得不同意见，正直的人们纷纷离去，他身边的圈子越来越窄，不同意见越来越难传入福特的耳中，而福特也变得越来越依靠身边的几个亲信。到1946年亨利·福特不得不让位给孙子亨利·福特二世时，福特公司的亏损已达到每月1000万美元，只是因为福特公司的巨大规模和第二次世界大战的政府订货才使福特公司免遭倒闭的厄运。

第四章　亨利·福特的生活故事

　　亨利·福特在20世纪20年代初就已经是全世界最有名的人了。他生产的T型汽车便宜、耐用、灵巧，风靡全美各地，这位开拓型的企业家因此也获得了巨大的名声和财富。

　　福特的身影似乎无所不在、无时不存，采访记录、报章新闻、宣传材料、商业广告潮涌于公众领域，记载着他人生的方方面面。但要真正了解他的内心世界，就要走入他的生活。

福特与克莱拉邂逅的故事

　　秋天是收获的季节，它在农村人的心目当中更是有着十分重要的意义。每当秋天来到，人们收获了自己一年来的劳动成果时，那喜悦的心情是难以用语言来形容的。到了这个季节，在广大的农村，到处都会举行一些庆祝活动或者仪式来表达人们欢乐的心情，亨利有时也是这些仪式上被邀请的客人。跳舞是这种仪式上不可或缺的一部分，往往有一些天真烂漫、热情大方的姑娘邀请亨利一起跳舞，结果把对此一窍不通的亨利弄得非常尴尬。其实，这时的亨利有着高高的个子和良好的教养，是个很讨人喜欢的小伙子。亨利是个从不愿服输的人，几次尴尬之后，他终于发觉自己也许因为太不重视自由自在的生活，把精力过于集中在机器上，从而丧失了许多生活的乐趣。于是他开始认真地学习跳舞，在弟弟妹妹的帮助下，他进步飞快，很快就成为当地舞会上的高手。

1885 年的新年到来了，元旦这天的晚上，迪尔本地区的许多居民都来到邻近的格林菲尔德区的马丁德尔旅馆。这是一家装饰华丽的上等旅馆，旅馆的大厅是该地区舞蹈俱乐部的活动场地。每年的元旦晚上，附近几个地区的人们都会聚集在这里，以新年舞会的方式一起狂欢，迎接新年的来到，如同每年秋天的丰收月光舞会一样，这已成为当地的一项传统活动。亨利一家穿着节日的盛装来到这里，与其他的亲友和来宾们一起喜迎新年，而亨利已经从一个对舞蹈一窍不通的有些腼腆的小伙子变成了一个衣着考究、舞姿潇洒的青年，自从学会了跳舞，亨利就爱上了这项活动，这一爱好伴随了他的一生。

亨利穿一身黑色的礼服，站在大厅的一角，仔细看着晚会的节目单。由于当时印刷技术的限制，这张白色卡片印制得不是很清晰，但是还是能够看出封面上的 "1885 年新年舞会" 字样，哥特体的草书标出了格林菲尔德舞蹈俱乐部和马丁德尔旅馆大厅的名字，卡片的设计十分讲究，还装饰着精美的编织穗。

"亨利，给你介绍一位朋友！" 妹妹玛格丽特从后边捶了亨利一下，亨利放下手中的酒杯转过身来，只见玛格丽特拉着另一个女孩，笑盈盈地站在他的面前。"于是，我一下子就被这位小姐深深地吸引住了。" 亨利在后来回忆说。

只见这名少女有着褐色的头发，一双明亮的黑眼睛，穿着一条绿色的长裙，大概是刚进大厅就被玛格丽特拽了过来的缘故，她手中的一顶当时流行的绿色宽边帽子还没来得及放下，帽子上缀了几朵黄花，恰好与她那身衣裙相配。她只是微笑着站在那里，虽然个子不高，却洋溢着一种恬静的喜悦。

"她是克莱拉，你们以前见过面。"玛格丽特提醒有点手足无措的亨利，"就在几个月前的秋天月光舞会上，我们四个人还一起跳方阵舞来着。"亨利一下子就想了起来，在那次舞会上，他碰上了曾在底特律同自己一起学艺、后来也回到了家乡的瑞克·哈特，两人谈兴正浓，玛格丽特也带来了一个伙伴邀请他们一起跳在农村十分流行的四人方阵舞。玛格丽特的那位伙伴就是站在面前的这个女孩子。"开朗、友善、有一个固执的下巴"，这是当时亨利对这个女孩的印象。后来由于瑞克·哈特有一些关于农机技术方面的难题要向他请教，所以两个好朋友就离开了舞场，等他们回来时，妹妹和她的女伴已经走了。

玛格丽特冲着哥哥神秘地眨眨眼，托词走开了，在悠扬的乐曲声中，亨利邀请克莱拉一同进入舞池，二人翩翩起舞，一段美好的姻缘就这样拉开了序幕。

克莱拉·简·布赖恩，是当地一个富有的农场主的女儿，她的父亲曾在州立法机构工作。克莱拉聪明、活泼、为人诚恳，她也是一个很有主见的女子，善于从不同的角度去观察别人和思考问题。由于与玛格丽特情趣相投，她们俩又是好朋友，所以在认识亨利前，克莱拉已经从玛格丽特那儿听说过亨利的不少事情了。一曲终了，二人坐在一旁，愉快地交谈着，动人的乐曲奏了一首又一首，而两人却谈兴极浓，那晚他们再也没有步入舞池。

"亨利是个与众不同的人，他并不是像其他人一样只会谈论音乐和别人的琐事，他很诚恳地对我谈起了他以前的经历。"晚上回到家，克莱拉对自己的母亲谈起了她对亨利的印象。

"我和她仅仅相处了半小时后就明白了，她就是我的'玛什'！"亨利在舞会结束后这样告诉自己的妹妹。"玛什"是当时流行在这个地区的一句俏皮话，就是"情人"的意思。就这样，这一对年轻人可谓"二见钟情"了。

从此，在以后的差不多所有舞会上，他们俩从头到尾都是一对忠实的舞伴，虽然这样做在舞会上略嫌失礼，但人们对恋爱中的年轻人总是宽容和祝福的。随着相互了解的加深，克莱拉对亨利的与众不同有了更深的印象。比如，每次跳舞时，到了一定的时间，亨利总是看看表，然后对克莱拉说："我得去摆弄机器了。"这不仅没有使克莱拉像其他女孩子一样感到不快，反而更使她意识到亨利是个有理想的青年。两人的关系稳定而又迅速地发展着。在冬天，亨利买了一辆轻便的雪橇，特意漆成克莱拉喜欢的绿色，然后两人乘着它在冰封的鲁日河上奔驰。到了夏天，他们又一起骑马或坐马车去野炊。而秋天到来的时候，亨利干脆把克莱拉抱上自己驾驶的蒸汽机车，让她坐在自己的身边，一起去为农户们服务。

一年后，1886 年 2 月 14 日，也就是西方的情人节那天，亨利把一块自己亲手制作的双面表送给了克莱拉，并且写给她一封热情洋溢的情书，表达了自己对克莱拉的深深依恋。

看到亨利堕入情网，亨利一家都感到高兴。

儿子埃兹尔的诞生故事

1893 年 9 月，美国各大报纸都登载了这样的消息："无马之车在美国诞生""兄弟俩的发明""奇迹！用汽油发动的车"等等。原来，在比欧洲落后了七八年之后，美国

福特家族

亨利·福特　埃兹尔·福特　亨利·福特二世　比尔·福特

马萨诸塞州的查尔斯·杜里埃和弗兰克·杜里埃兄弟二人终于制造出了美国第一辆用汽油做动力的"无马之车"，并在本州的斯普林菲尔德试车成功。此时亨利·福特的注意力却早已转移到了家里，因为此时的克莱拉怀孕已有 8 个月了。

1893 年 11 月 6 日上午，年轻的助产士威廉·麦克唐纳背着药箱，骑着一辆自行车来到了巴克莱大街的一套寓所。这是亨利和克莱拉在底特律的新住所。自从克莱拉怀孕后，她常常抱怨原来的住所

离工厂太近，那里噪音太大。为了不影响妻子的休息，亨利搬到了现在的巴克莱大街 58 号，这儿离那些整天机器轰鸣的工厂远了一些。

威廉·麦克唐纳是一个刚从医校毕业的学生，独自一人来到底特律工作。亨利听了工友们的推荐而请这个小伙子负责克莱拉的保健工作。麦克唐纳为人热情，工作起来不怕辛苦，赢得了亨利的赞赏和克莱拉的信任。可是在几年后，亨利才终于意识到，他选择这样一个热情有余、经验不足的年轻人是一个多么大的错误。因为克莱拉产生了严重的手术后遗症，不得不去医院重新做了手术。虽然保住了性命，但是却永远丧失了生育能力，埃兹尔是他们唯一的孩子。亨利把这一不幸的事件再与当年母亲的去世联系在一起，更加深了他对医生的敌意。

由于原先估计的预产期就在这几天，而且工厂也没有什么特别重要的事，所以亨利这几天一直待在家里，寸步不离地守在妻子的身边。麦克唐纳刚进门没多久，克莱拉就出现了产前的阵痛。"孩子就要出生了！"麦克唐纳赶紧开始作接生的准备工作，一阵忙乱后，年轻的助产士的额头上出现了汗珠。亨利拿来一条毛巾，轻轻擦去麦克唐纳脸上的汗珠，"没关系，麦克，不用紧张，"亨利安慰经验不足的助产士，"相信自己，你又不是第一次做，我会当好你的助手的，我相信我妻子也是个坚强的女人！"

在一阵啼哭声中，一个健康的男孩终于来到了这个世界，母子平安。亨利紧紧握住克莱拉的手，安慰着妻子，年轻的助产士则瘫坐在一旁，他的疲劳程度丝毫不亚于生孩子的母亲。

在给孩子洗礼时，亲友们都来了。老威廉抱着自己的长孙，一向十分严肃的脸上露出了喜悦的笑容。自从亨利夫妇离开了迪尔本，威廉就一直郁郁寡欢，即使是进城来看望儿子，也不多说话。孙子的诞生给威廉带来了莫大的安慰。

"我已经同克莱拉商量过了，"亨利大声向亲友们宣布，"孩子就叫埃兹尔吧。"

"埃兹尔！"鲁迪曼夫人玛格丽特最先反应过来。她当然清楚，埃兹尔·鲁迪曼是亨利小时候的同学、最好的朋友，在当时亨利班上所有的孩子中，埃兹尔的成绩是最优秀的，所以他也是亨利心中的英雄。由于玛格丽特嫁给了埃兹尔的弟弟詹姆斯·鲁迪曼，所以此时鲁迪曼家和亨利家早已是亲家了。亨利给自己的孩子取这个名字，是希望儿子能像好朋友那样从小就出类拔萃，因为此时的鲁迪曼已经完成了在大学的深造，开始在国内化学界崭露头角了，后来埃兹尔·鲁迪曼成为了美国著名的化学家。

"亨利和我还查了查字典，"克莱拉又补充说，"同埃兹尔的发音相近的还有一个人名是埃提厄，他是一位曾经在公元五世纪时侵略过罗马帝国的匈奴国王，在他们的语言中，这个名字又是'富贵'的意思。"

带着做爸爸的喜悦，亨利又全力以赴地投入了工作。或许真是这个小生命的诞生给亨利带来了好运，亨利的工作出现了一系列令人眼花缭乱的转机。由于缺乏人手，在公司总经理亚历山大·道的授意下，没过多久，亨利就从变电所调到了爱迪生照明公司总厂，在那里积压了不少等待修理的机器。亨利委托亲人们照顾妻子，自己则一天到晚扎在公司里忙碌。

福特与爱迪生的真诚友情（一）

亨利·福特第一次见到托马斯·爱迪生是在他35岁那年，当时他已担任了"底特律爱迪生照明公司"的总机械师。业余时间，他在自家后院的工棚里与妻子克莱拉一起艰难地试验着他亲自设计的内燃机汽车。当亨利·福特研制成功两辆最初的汽车时，他在"爱迪生照明公司"的年会上

爱迪生雕像

见到了已大名鼎鼎的发明家爱迪生。当人们向爱迪生介绍说，这位亨利·福特先生自己已经研制成功了两辆以汽油为动力的汽车时，爱迪生非常高兴地赞扬道："年轻人，继续努力地干下去吧！不要放弃自己的理想。"对爱迪生一向就十分尊敬、崇拜的亨利·福特得到大

发明家爱迪生的称赞之后,心中特别激动。之后,他辞去了总机械师的重要职务,开始创办自己的公司,并以他自己的名字命名为"福特汽车公司",他的公司开始走上了世界汽车工业早期开创、奠基与发展的道路。

两人第一次见面,爱迪生就已经给亨利·福特很大的鼓舞了。当时亨利·福特只是专心地研制了两辆汽车而已,世人对这刚刚诞生的汽车还不怎么了解。然而,爱迪生当时已是享誉世界的发明家了。拿此时的亨利·福特与爱迪生进行比较的话,那简直如同一个刚出生的婴儿与一位巨人相比了。

1908年,亨利·福特研制出了结构简单、坚固耐用、经济实惠的T型车。该车一时间轰动了整个美国,成为世界畅销的汽车。T型车一举扬名后,亨利·福特没有忘记自己崇拜的偶像,他将一辆崭新的T型车送给了爱迪生,因为爱迪生也为亨利·福特的T型车的研制作出了贡献。爱迪生一生研究电能,当初,他一方面支持亨利·福特更进一步地研制汽车,另一方面自己也全力以赴地投入到电动汽车的研制之中。

转眼间十几年的时间过去了,由于对储存电能的蓄电瓶的研制始终没有获得突破性的成果,电动汽车一直不能进入实用性的阶段。尽管爱迪生没有取得电动汽车研究的成功,但他的研究成果对于改进T型车采用电动打火,却发挥了相当重要的作用。由于T型车性能的改进,到1927年,福特汽车公司总共生产了1 500万辆T型车,平均每10秒钟就生产出一辆,总共为福特汽车公司创造了70亿美元的销售额。而爱迪生也从大量的电动打火装置中获得了几百万美元的销售订单。这对爱迪生搞科学研究的积极性,产生了较大的影响。

亨利·福特与托马斯·爱迪生两人在造福人类的事业中相互支持,相互帮助,建立了深厚的友情。随着交往时间和次数的增多,相互间对对方的性格、思想、品质、才华、能力都有了一定程度的了解,成为了知根知底的好朋友。当亨利·福特的名气越来越大,准备竞选美国总统的时候,爱迪生却在公开场合发表讲话说:"亨利·福特是一位伟人,如果让我选他当国家总统,我绝不投赞成票;如果让我选他为企业家,我会毫无考虑地投赞成票,并且我还要举双手投票。"因为爱迪生的反对,亨利·福特后来放弃了美国总统的竞选。

亨利·福特也非常了解爱迪生的才华、人品。他在公众场合曾经这样评价爱迪生:许多发明家经常地浪费时间和金钱,尝试把他们的发明改良成多种用途,然而有时这种做法并不怎么恰当。爱迪生则从来没有做过这种事情。他也绝不会卖弄他的发明,他把所遇到的每一个问题都当成一件十分重要的事情来处理,并且用比较适合的方法认真地解决出现的每一个问题。他的知识简直是天文地理,无所不包。因而,我们无法把他归类成电学家或化学家,事实上,爱迪生是无法归类的。我越了解他,就越发现他的伟大。

福特与爱迪生的真诚友情（二）

在爱迪生发明电灯 50 周年及白炽电灯发明 15 周年的纪念日——1929 年 10 月 21 日这一天，亨利·福特创建的"大众历史博物馆"也同时揭幕了。亨利·福特是特意选择爱迪生最光辉的纪念日作为博物馆开馆的日子的。在庆祝会上，亨利·福特还专程邀请了当时的美国总统胡佛、诺贝尔奖获得者居里夫人。20 世纪杰出的大科学家爱因斯坦也通过无线电广播向全美国发表讲话，向爱迪生表示衷心的感谢与祝贺。

晚会马上就要开始了，可是到场的人们却还是找不到爱迪生。然而有谁会想到，爱迪生正独自一人坐在大门外默默地掉眼泪呢。过了一会儿，亨利·福特找到了爱迪生，问他为什么这样悲伤。爱迪生老泪纵横地说："我曾经犯了那么多的错误，我已无脸面对这么多尊贵的宾客。"这样一位对人类做出巨大贡献的大发明家居然还在责备自己以前的过错，亨利·福特听了之后特别感动。他满怀崇敬之情，真诚地说：您给人类带来了光明、带来了幸福，像您这样的伟人若还感到自惭的话，那么其他人根本就无法再在这个世界上生活下去了。在亨利·福特以及爱迪生夫人的劝说下，爱迪生最后终于走进了会场。

而为了纪念爱迪生发明电灯这一特别具有历史意义的创举，亨利·福特还按照当年爱迪生研制电灯的实验室又重新建造了一个，请爱迪生再一次演示50年前发明电灯的实验。实验前，亨利·福特通过无线电实况广播，要求全体美国人民关掉电灯，于是整个美国又回到了电灯发明之前的一片黑暗之中。当爱迪生在实验中不断地重复着50年前的动作，连通灯丝、接通电源，灯泡亮起来后，亨利·福特激动地对美国人民说："现在让我们打开电灯吧！一定要永远记住刚才的黑暗，记住给人类带来光明的人——托马斯·爱迪生！"亨利·福特激动地与爱迪生紧紧地拥抱在了一块儿。他们两个人，一个是给世界带来了光明的使者，另一个是使汽车大批量生产，进入千万家庭的开拓者。

亨利·福特与爱迪生从1918年开始就特别喜爱结伴到野外去旅行，这一爱好一直保持到两人的晚年。每次野营，福特公司生产的汽车载着帐篷、吊床、餐桌、冰箱驶向密林深处，在人烟非常稀少的森林中、在静静流淌的山溪旁，亨利·福特与爱迪生一起在河边钓鱼，一起在火堆前烤牛排，一起谈论科学技术的最新发展，一起纵谈人生、世界、宇宙与未来。爱迪生80岁生日的那一天，同样也是在这样的野营中欢快地度过的。

然而过了没几年时间，1931年10月18日，84岁的爱迪生因患糖尿病、肾炎而离开了人世。全美国再次关掉电灯，以此表示纪念。而亨利·福特则以爱迪生的名字建立了一座规模宏大的"爱迪生博物馆"和一所"爱迪生学院"。"爱迪生博物馆"这一建筑将美国独立宫、议会大厦、费城市政府大楼三个不同历史时期的建筑特色都包涵了进去，全面反映了美国的历史进程。亨利·福特用这种最高规格的礼仪，表达了自己对师长、挚友爱迪生十分真诚的友情。就在爱迪生去世后16年，亨利·福特也离开了人世。令人感到吃惊的是，他去世那年正好也是84岁，与爱迪生享年一样。他去世的那年恰巧是1947年，而100年前的1847年正好是爱迪生出生的年份。

尽管汽车大王亨利·福特与发明大王托马斯·爱迪生离开我们已经有几十年了，但是他们两人之间那朴实却十分珍贵的友情，给人类留下了一份值得纪念的精神财富。亨利·福特与托马斯·爱迪生二人一生创下的伟大业绩与深厚友情将永存在世人的心中。

福特丰富多彩的老年生活

野营和露宿是老福特的一大爱好，但是有资格做他的露营伙伴的人屈指可数，通常有博物学家约翰·巴勒斯、美国轮胎制造大王哈维·费尔斯通和托马斯·爱迪生,这个四人小组是从 1918 年夏天起商定开始露营活动的。每次从事这样的活动之前,他们都要进行精心的准备,组织一支由司机和随行人员组成的队伍,开着几辆汽车,带着冰箱、帐篷、餐桌、吊床、垫子、毯子等野营用品。"我们是一群森林的冒险者。"亨利·福特骄傲地说。白发苍苍的博物学家巴勒斯则担负起了记载"探险记录"的工作。

1918 年夏天,他们来到人迹罕至的阿德隆迪克斯森林,开始了探险活动。1919 年,他们则朝纽约北部的森林进发,想在新英格兰地区开辟出一条新路。在旅行中,伟人们或者在车上读书,或者在各自的帐篷里沉思,或者围在篝火边讲述各自的人生经历,或者在进餐后激烈地争论问题。他们在美丽的大自然中尽情放松自己,有时为发明了一种烤制牛排的新方法而欢呼雀跃;有时为一块新从火上取下的食物而你争我夺,流露出孩子般的顽皮。

从巴勒斯认真严密的记录来看,亨利·福特是他们当中最活跃的人,他经常不停地在林间步行,或者沿着清清的小溪像个孩子一样跳来跳去,只要找到了一块露营地,福特就拿起一把板斧为将要点燃的篝火劈柴。新闻记者们不请自来,带着照相机和摄影机加入了他们的行列,并把拍下来的相片和影片公之于众。每次他们的露营,都会成为全国各新闻媒体的报道焦点。

老福特这一生中唯一爱好的艺术形式恐怕就是舞蹈了。从20年代末开始，他发疯似的迷上了传统舞蹈，也就是曾经在美国拓荒者中流行的舞蹈。他聘请了马萨诸塞州的本杰明·洛弗特作为自己的专职舞蹈教练，并组织了一支乐队，安排他们在迪尔本的工程实验大楼中训练。他还让人编写了一本舞蹈手册，书名叫《早安：传统舞蹈经过25年的冷落，又被亨利·福特夫妇所复活》，书中猛烈抨击了那些"伤风败俗"的现代舞蹈，再版后成了利用舞蹈宣扬种种优越论的著作。

舞蹈彻底改变了福特的社会生活，使他和克莱拉从深居简出的生活中走了出来，通过各种形式的聚会和舞会，与社会各界名流开始了交往。起初，这些聚会还非常随意，然而后来规矩越来越严格，变成了一种正式的类似外交的活动。所有参加聚会的人必须穿晚礼服，必须在晚上9点钟准时到场。老福特还专门建起了豪华至极的舞厅，占地达8亩，不用说其他的装饰品，仅整个大厅的地面就是用最为昂贵的缅柚木铺成，光洁如镜，据说每立方米木材的标价高达32.5万美元。曾经被老福特称做寄生虫的达官显贵都成了福特家的座上客。

在跳舞娱乐之余，老福特还迷上了收藏，不仅仅是古玩，还有他感兴趣或心血来潮时想到的任何东西。老福特仿照克莱拉幼年时在密歇根州生活的一个小村落修建了格林菲尔德庄园，其中主要包括三个部分：详细复制 19 世纪美国乡村生活的村落、堆积着数不清的古玩杂物的爱迪生博物馆和反映私人学制的爱迪生学院。

在整个格林菲尔德庄园里，福特的工匠们还复制了英国伦敦的一家古老的珠宝店，还把一座典型的英国乡间农舍买下来拆开后，再用轮船远涉重洋运到这里复原出来。福特还说服了好朋友爱迪生，把这位发明家实验室的一砖一瓦拆卸下来，运到这里复原了。另外，这座庄园里还有许多美国名人的故居，如美国著名园艺家洛德·伯班克、电气工程师斯坦梅茨、诗人沃尔特·惠特曼、文字专家诺亚·韦伯斯特等。在福特的脑子中，还经常有一些天真的念头，例如当年爱迪生发明了留声机后对着机器演唱了一首"玛丽有只小羊羔"的歌曲，老福特后来派人四处寻找歌中这位名叫玛丽的妇女的故居在哪里，以便买下来重建，结果全国一下子冒出了一大堆声称自己是玛丽或是她的后人的人，希望富翁能高价买下他们的房子。

在这所庄园里，老福特还建立了许多仿古风格的商店、农场、手工作坊、酒馆等，雇佣了许多工人和农民在那里煞有介事地做工务农，试图完全营造出几个世纪以前的那种田园牧歌、小桥流水的气氛。应该说，他做到了这一点，格林菲尔德庄园成了底特律乃至全美国的一个旅游景点，每年有大量的人来参观，每个参观者只需花 25 美分就可购买一张门票，据说每年这里的参观者为 100 万人次，光门票收入就达 25 万美元。

爱迪生博物馆是一座宏伟的建筑，集中了美国建筑史上三大里程碑式建筑——独立宫、议会大厦和费城市政府大楼的工艺特色。该博物馆主要是重现美国农业、交通运输业和制造业的发展进程，并展出了许多与此专题有关的原始珍品，特别是福特收藏来的各个不同发展阶段的汽车。除了上述展品之外，博物馆还塞满了福特雇佣的收藏家们找来的各种物品，把这个庞大的博物馆塞得满满当当。这些过分卖力的收藏家们根据福特的命令在 20 多年的时间里走遍了美国的各个角落，差不多把农村翻了个底朝天，得到了杂乱无章、真伪难辨的各种物品。有专人去收集，却没有真正懂行的人去设计、管理和摆放，结果客人们来到这里就会发现放置飞机和蒸汽机车的场地上还堆着床、棺材、土枪、洋娃娃、八音盒、风琴、旧衣服等。福特的收藏家们甚至还迷恋上了一个据说是 18 世纪中叶的厕所。

10 美分的故事

20 世纪初的美国虽然已经有了不少知名的私立学校，但公立学校却还是很少，不少穷人的孩子上不起学。雷诺·艾丽丝是位于美国佐治亚州罗马市的艾丽丝学校的创始人。身为教师的艾丽丝深知教育对于人生的重要意义，为了让穷人的孩子也能有学上，她决定自己筹集资金在当地兴建一所公立学校。

　　艾丽丝听说有个叫亨利·福特的汽车商很有钱，而且经常资助一些公益事业，于是她便去向他求助。然而，当得知眼前这个女人的来意后，早已讨厌别人把自己当成捐款专业户的福特，只是从衣兜里掏出一枚10美分的硬币扔在办公桌上，不屑地说："我兜里就这么多钱了，快拿着离开这里吧！"

　　面对福特的傲慢无礼，艾丽丝并没有恼怒。她从桌上拾起硬币后就离开了。回到罗马市后，她用那10美分买了一包花生，然后把它们种到地里。在她的精心照料下，一年后，花生种子已经长成了繁茂的花生园。

　　这一天，艾丽丝又来到了福特的办公室，但这回不是来要钱的，而是来还钱的。她把花生园的照片和一枚硬币一起交到福特手中，并且很高兴地对他说："这是您去年送给我的10美分，钱虽然不多，但是如果投资得当就会带来丰厚的回报。"

　　福特看过照片后惊讶不已，他不得不对面前的这个女人刮目相看。随即他便签了一张25 000美元的支票交给艾丽丝，这在当时可是个天文数字。

　　不仅如此，在之后的几年中，福特还陆续为艾丽丝学校捐筑了一幢以他的名字命名的教学楼和几座哥特式建筑。当他看到孩子们坐在宽敞明亮的教室里专心致志地学习时，福特深信正如艾丽丝所言，他的投资必会带来丰厚的回报，成功绝对不是偶然的！

吝啬的汽车大王

很多人对于富豪非常崇拜，对于他们的发家传奇非常向往，但其实很多富翁即使致富以后都非常简朴，没有养成大手大脚花钱的习惯，甚至比我们普通人更加"小气"。

迈克是纽约一家小报的普通记者，他非常敬佩当时事业正如日中天的"汽车大王"福特，很想从福特那里学到一些成功的经验。

一个周末，迈克正在一家不大的酒店与几位朋友小酌。忽然，他眼前一亮，只见几位身份显赫的企业家正从一个房间里走出，其中一位正是福特。他手里拿着一张菜单径直走向那位服务生，微笑道："小伙子，你再算一下，看看是不是有一点儿差错。"

年轻的服务生飞快地瞟了一眼那菜单上的一串数字，很自信地回答:"尊敬的福特先生,没有错啊。"

"请别着急,你再仔细算一算。"福特宴请的那几位企业家已朝门口走去,他却很有耐心地站在柜台前。

看着福特那认真的样子,年轻的服务生没有再核算,而是不以为然道:"是的,因为零钱准备得很少,我便多收了您50美分,但我认为像您这样富有的人是肯定不会在意的。"

"恰恰相反,我非常在意。"福特很坚决地纠正道。

"那就算您付给我的小费吧。"服务生被福特的斤斤计较搞得有些难为情了,忙给自己找了一个摆脱尴尬的借口。

"不,小费我已经付给您了,这50美分是您应该找给我的零头。"福特固执地坚持道。

服务生只得低头花上一番工夫凑够了50美分,满怀歉意地递到一脸坦然的福特手中,而此时福特宴请的朋友已坐到车子里了。

福特贵为"汽车大王",却连区区50美分都要"斤斤计较",是不是有点过分?然而事实上,福特是一个实实在在的慷慨之人,他一生中捐给慈善机构的钱远远不止5 000万美金。但是从他的身上我们看到他对待财富的一种观念:对于应该是自己的钱,绝不放手溜走。其实,节省财富犹如创造财富。

亨利·福特的学问

1919 年初夏，某个小镇的地方法院里有一个人正出庭作证。他瘦瘦的身子、晒得黝黑的脸庞、五官轮廓突出、头发花白、言谈朴实，此人就是工业家亨利·福特——美国的传奇人物。他控告芝加哥的《论坛报》对他进行人身诽谤。

事情是这样的：几年前，威尔逊总统派遣国民卫队巡逻边境，严防以墨西哥庞丘·维拉斯为首的游击队的骚扰，福特公开反对总统的作为，于是《论坛报》发表社论，说他是"无知的理想主义者、以国家为敌的无政府主义者"云云，福特气极了，于是提起控诉。

《论坛报》的律师原想努力抗辩说诽谤不成立，并指出这个大名鼎鼎的汽车制造商实在无知，他肯定做了大量的准备工作，因为原告可是全美著名的企业家。出乎人们的预料，被告律师抗辩得并不吃力。一连几天，首席被告律师都杀气腾腾地对福特一连串发问，福特的回答却很令人吃惊：他真的什么都不懂。他很肯定地说美国独立战争开始于 1812 年；他说本尼迪克特·阿诺德是个写书的，"我想是吧"；他也无法指出美国政府的基本原则是什么。听众窃窃私语，福特却像小学生似的漫不经心，对一个个问题乱说一通，最后回答说："我承认我对很多东西都弄不懂。"这时连辩方律师都不好意思起来，和缓地问他是否可以简单地朗读一段书听听，或者干脆承认自己是文盲算了。福特的回答很平静："是的，你这样说也没错啊，我书读得很慢，念书使我很不自在，会把事情搞砸的。"

事实能说明福特确实无知，但也没有什么东西能证明他是无政府主义者。陪审团裁定诽谤控告成立。福特得到了赔偿：6 美分。

全国各大报刊大张旗鼓地报道此事，不对法庭裁决和法律事宜关注，却对福特在法庭上令人讶异的表现大做文章，嘲笑这个美国英雄居然如此粗俗肤浅。

然而，尘埃落定时，两个意想不到的事实却日渐清晰。

首先，亨利·福特对自己看上去像土包子根本就没觉得有什么不好。他事务繁忙，无法多花时间读书。当有人追问他为什么对公共事务知之甚少时，他承认说自己读报"只是读读新闻标题而已"。一次接受记者独家采访时福特说得更加坦白："我不喜欢读书，书本让我头昏脑胀。"

其次，对于福特在法庭上的窘境，普通民众不但没觉得大惊小怪，相反还蛮欣赏的，认为他学问不高并不碍事。有人问福特美国建国以前是什么情况，福特回答："我猜嘛，原来应该有些土地吧。"
对此公众觉得很好玩。

福特不会装腔作势，做派清明爽利。他因为太专心工作而没能
好好受正规教育，对此大家也觉得情有可原。

全国上下有许多牧师为亨利·福特祈祷,请求他能从小人的恶语
妄言中得以解脱。村镇小报鼓舞农夫、工人和商贩百忙中抽空写信
给这位汽车生产商表示同情，响应者成千上万。令那些高级人士非
常诧异乃至惊恐的是，福特从似乎很尴尬的窘境中脱身而出，成了
一名比以往任何时候都更加高大的美国民间英雄。因此，美国现代
史上的一个最伟大的故事和神话由法庭事件而引发，结果带来了一
场双方的爱恨：一方是来自底特律的一位美国汽车生产的开拓者，
另一方是美国普通大众。爱恨超越了一切理性：福特是同一个福特，
如此众多的知识分子、世界主义者和舆论操控者们讨厌他，而开着
他生产的汽车，笃信其所言的广大工薪阶层却是那么喜爱他。爱恨
的丝带飞扬了四十年之久。

还有亨利·福特的一桩轶事,说的是他曾经被要求参加一些学院
派"聪明人"主持的考试。到了约定的那天，那一伙"聪明人"前
来对他进行口试，他们想通过这次口试，证明亨利·福特的愚笨
无知。

考试开始了，一位"聪明人"提出的问题是"你用的钢材的抗
张强度是多少"。亨利·福特本人不知道答案，他就直接拿起桌上的

电话，喊来知道这个问题答案的公司副总经理。副总经理来了，福特向他询问这个问题的答案，副总经理马上答出了标准答案。另一位"聪明人"又提出了一个问题，福特本人还是不知道答案，他又一次打电话喊来知道答案的另外一位下属。这种情形一直在延续。后来，一位"聪明人"大声喊道："瞧，这些都证明了你的无知。你对于我们提出的所有问题都回答不上来！"

据说亨利·福特听到这句话后，轻蔑地说："我不知道答案，是因为我不想让自己的大脑被你们想要的答案所困扰。我聘请了一些毕业于你们学校的年轻人，他们能够记住你们希望我本人记住的答案。我的工作并不是要记住你们认为可以证明一个人聪明的那些信息，而恰好是要从这些细枝末节中摆脱出来，保持清醒的头脑去进行思考。"接着，他请那些学院派的所谓"聪明人"立马走人。

亨利·福特的名言："思考是一项最艰巨的工作，因而真正开动脑筋、思考问题的人少之又少。"

具有一颗平常心的福特

现在有些人急切希望成功，成功后也喜欢炫耀，希望及时挥霍成功的果实，其典型表现就是大手大脚花钱给别人看。特别是在熟人和亲友面前，迫切想显示自己的财富。而那些真正成就了事业的人，反而能够在生活中保持一颗平常心。

有一次，亨利·福特到英格兰去，在机场咨询处他要找当地最便宜的旅馆。接待员一眼就认出了这个世界知名的超级富豪——亨利·福特。就在前一天，报纸上还登出了他的大幅照片，报纸上说他要来了。现在他在这儿：穿着一件很老旧的外套，要找最便宜的旅馆。

接待员说："我记得很清楚，我看到过您的照片，您就是亨利·福特先生。"亨利·福特说："是的。"接待员疑惑不解地对他说："您却穿着一件这么老旧的外套，要找最便宜的旅馆。我也曾见过您的儿子上这儿来，他总是询问最好的旅馆，他穿的是最好的衣服。"亨利·福特说："是啊，我儿子的举止是好出风头的，他还没适应生活。对我而言没必要住在昂贵的旅馆里，我在哪儿都是亨利·福特，即便是在最便宜的旅馆里，这没什么两样。这件外套是我父亲的，但这没有关系，我不需要新衣服，我是亨利·福特，即使我赤裸裸地站着，我也是亨利·福特，这根本没关系。"

是的，可能你的外套比亨利·福特的高档，可是这能说明你比他更富有吗？可能你住过比亨利·福特住过的更贵的旅馆，可是这能表示你比他更有身份吗？

在生活中有些人好出风头，总怕别人不知自己的尊姓大名，一逮住机会不是高声炫耀自己的身份，就是到处分发名片，这是虚荣心在作怪；也有一些人不羡慕外表华丽，而是时时以坚持自我秉性为本，这种人是最谦虚的，也是最可敬的。

幸福是一种绝对自我的感觉，只要你觉得自己是幸福的，你就是幸福的；反之，如果自己感觉不到幸福，无论在别人的眼里如何风光，你的心里仍然会是一片冰凉。不同的人有不同的活法，不同的人也有不同的幸福，关键就在于我们是否真的明白了，自己这一辈子到底要什么。如果一个人总是得陇望蜀或盲目攀比，欲望没有止境，那他永远都不会有幸福和快乐。

把便宜实用的汽车卖给更多人

1902 年 11 月，福特终于有了一家自己的公司——福特汽车公司。公司的标志是一个蓝色的椭圆形，中间是模仿福特签名的英文单词 Ford，从此这个标志成了福特汽车公司的象征，直到今天。

从当时来看，刚成立的福特公司有许多方面不成熟，许多部门、规章制度刚刚建立，工厂也很破旧，但是它的思想却是成熟的，因为福特对此早就有了一套自己的设想。福特公司成立之初，福特便设计了高、中、低三种级别的汽车以期占领市场。其中高档车主要为富人服务，生产高档车带来的利润很大，但顾客数量有限。

第一年，福特推出的 A 型车成了底特律人的抢手货，福特公司赚取了可观的利润，仅股息就分发了 10 万美元。股东一下子收回了所有投资。面对巨大的成功，福特清醒地认识到这只是表面的辉煌。因为人们现在只是对汽车这个新东西感到好奇，一旦他们习惯了使用汽车，便会变得更挑剔。汽车的质量和价格就成了福特公司的生命。

很明显，小小的福特公司不可能占据全部汽车市场，必须突出重点。生产什么车为主呢？面对各位股东，福特说："美国地域辽阔，生活着很多人，大多数是工人、农民。他们才是汽车的真正需要者。我主张多生产低档车，特别是标准化地大批量生产，把便宜实用的汽车卖给这些人。这才是我们公司长期的战略！"

说起来容易，做起来难！低档车尽管技术上难度不高，但却不得不面临许多新的问题。为了让家家户户都用上这种车，他的车必须简单、轻便、耐用、容易修理，而且还必须能在崎岖不平的乡间路上奔驰。这些都对汽车设计提出了新的要求。还有更重要的一点，这种车必须便宜，以使每个家庭都能够买得起。为此，福特不得不在设计时更多地考虑经济因素。这么多的要求简直让人无所适从，设计方案被一次次地否定了，福特也是筋疲力尽。要怎么做才能恰如其分地满足顾客的要求呢？

有一天，他忽然想通了，必须使汽车构造简单化，只有简单，汽车才可能轻便，才会容易修理，一旦哪部分有问题，换个标准零件就够了。而且，简单的设计更易于大批量生产，当生产量增大时，生产成本就会降低，汽车价格就可以更加低廉。福特把以前的设计图纸全部扔在一旁，重新开始设计。

"标准化，简单化。"在设计中福特不时提醒自己。

经过几次修改，福特的新设计方案定型了，新车型被命名为福特牌T型汽车，后来成为汽车历史上最著名的车型，几乎成为汽车的代名词。事实证明，T型车受到了巨大的欢迎，整个国家都淹没在T型车的狂潮之中，从1908年诞生到1927年停产，福特生产的T型车数量是整个世界汽车总量的一半。

直到今天还没有哪一个车型能与其媲美。福特以其傲视群雄的气概一跃成为汽车大王。同时，福特汽车公司也理所当然地坐到了美国汽车业第一大公司的宝座上。

福特眼中的慈善

亨利·福特是一个值得敬佩的人，他的创业理念首先是造福人类，其次才是获得利润。亨利·福特认为慈善业存在着诸多弊端，社会并不需要慈善家。因此他说到："给予别人是容易的，难的是如何使给予成为不需要之物。当然，我们会毫不犹豫地把贫困者从当前的困境中解救出来，但不能仅仅是暂时性的解救，这其中的难以做到的是找到其贫困的原因。大多数人乐意帮助一个贫困的家庭，但是却很少动脑筋把贫困彻底地消灭掉。"

亨利·福特认为慈善行为正在逐渐被系统化、组织化、商业化，它不仅贬低了接受帮助者的人格，也打击了他们的自尊。为此亨利·福特的工厂中招纳了一些残疾人，他们同健全人一样享受同等待遇，获同等报酬，创造同等财富。他认为如此才能帮助弱势群体摆脱贫穷并保持自尊。他鼓励企业家们将投入慈善的资金投入到降低生产成本和价格上去，以保证穷人都能享受到物质的温暖，而他本人也是这样做的。这便是亨利·福特与众不同的人道主义。

亨利·福特还不迷信"专家"或"权威"。他认为："总是想着向前，想着干更多的事，这会使人的大脑认为没有不可能做到的事，然而，一旦一个人进入专家式的思维状态，那么很多事情就变得不可能了。"他这样说的理由是他认为世界上没有什么事是不可能做到的，但专家或权威的意见常左右一些人的想法，使之认同并失去了自己的创造力。以亨利·福特的例子来说：铸造方面的权威曾经宣称："任何说能在半年之内创造出低成本车的人都是骗子。"而亨利·福特却用事实证明了：一切皆有可能。

亨利·福特与洛克菲勒、范德比尔特等同时代的巨头们不同的是他将其毕生的精力都投入到实业中去，而不是玩弄金融，投机股票。这点是令人尤为敬佩的。在那个经济危机频发的年代，资金短缺而庞大的福特集团欲从银行家那里贷款是件轻易的事，但亨利·福特却坚决不参与其中，他不想企业的经济命脉掌握在银行家的手中。他这样做是明智的，因为铁路、矿业、媒体等行业的企业被银行家操控的例子不胜枚举，由此可见亨利·福特对银行家们的手腕还是十分清楚的。他对银行家的锐利观察还不仅如此，他说道："如果对上一次战争发生之前和之后的情况进行一次公正的调查，将会毫无疑问地发现，这个世界上有一群人掌握着巨大的权力，他们不属于某个国家，而是属于整个国际社会。他们利用政府、每一个广泛分布的企业组织、每一个公共机构、每一个民族心理的敏感点，寻找机会把整个世界抛进恐慌之中，这样他们便能从中攫取更大的权力。"

我们可以清楚地知道这群人就是那些呼风唤雨的国际银行家。在事业中，亨利·福特鼓励创新，因为他就是在不断创新中走过来的，在他对企业工资、人事、制度等一系列的改革中便可以看出来。他还是个不惧怕失败的人，他认为恐惧源于失败，只有不断从失败中获取经验并在未来的挑战中战胜失败，才能克服恐惧走向成功。

亨利·福特的智慧与社会责任感是旺盛而不朽的。他的种种优秀品质正是他取得成功的基础，可见成功之人必有其与众不同之处。

要能虚心听取下属的意见

福特对汽车的发展作出了巨大的贡献，曾获美国总统颁发的"一等勋章"。在美国乃至整个世界的汽车制造业中，他都是一个很有影响的重量级人物。

但没有人是十全十美的。在福特汽车公司快速发展的阶段中也遇到过许多的挫折，走过不少弯路。有一次在福特技术研究所内部，大家为汽车内燃机是采用"水冷"还是"气冷"发生了激烈争论。福特是"气冷"技术的坚定支持者，所以新开发出来的 N360 小轿车采用的是"气冷"式内燃机。

在美国举行的一级方程式冠军赛上,一位车手驾驶福特公司的"气冷"式赛车参赛。在跑至第三圈时,由于速度过快导致赛车失控,赛车撞到围墙后,油箱爆炸,车手被烧死。此事导致了福特"气冷"式 N360 小轿车的销量大减。技术人员要求研究"水冷"式内燃机,仍被福特拒绝。一气之下,几名主要技术人员准备辞职。

福特公司的副总经理感到事态严重,就打电话给福特:"您觉得您在公司是当总经理重要,还是当一名技术人员重要?"福特在惊讶之余回答:"当然是当总经理重要。"副总经理毫不留情地说:"那就同意他们去搞'水冷'引擎。"福特突然省悟过来,他毫不犹豫地说:"好吧!"

后来技术人员开发出了"水冷"式的产品,使公司的销售量大增。这几个当初想辞职的技术人员均被福特委以重任。

一天,公司的一名中层管理人员瓦尔多与福特交谈时说:"我认为公司中层领导都已成长起来,您是否考虑一下培养接班人了?"瓦尔多的话很含蓄,但却表明了要福特辞职的意愿。福特一听,连连称道:"您说得对,不提醒我倒忘了,我确实该退下来了,不如今天就辞职吧!"由于涉及移交手续问题,几个月后他的儿子埃兹尔接任了董事长一职。

一个人无论地位多高或者拥有多么大的成就,都不可避免地会犯这样或那样的错误,能够虚心听取下属的意见,当下属提出正当、合理要求时能欣然接受,上面所举的两件事就足以表明福特人生境界的高尚。人生是被一个又一个亮点照亮的,而为了创造新的亮点,你可能需要随时忘记你正在拥有或曾经拥有过的荣光。

世界上不存在超人，每个人都会有这样或那样的缺点或不足，所以千万不要以为自己对于整个世界来说是不可或缺的，地球离了谁都可以照常运转，所以做人还是应该拥有一颗平常心，凡事都不要太狂妄了，因为狂妄的人往往会在有意或无意中伤害他人的自尊心，从而失去别人的信赖和尊敬，在困难的时候也得不到别人的帮助。

即便你是一个不可多得的人才或已取得巨大成就的人，你也应该谦虚谨慎，许多时候，我们不是跌倒在自己的缺陷上，而是跌倒在自己的优势上，因为缺陷常能给我们以提醒，而优势却常常使我们忘乎所以。

致力保护环境和动物

2000年，"福特汽车环保奖"进入中国，开始了对中国民间环保事业十二年如一日的有力支持。福特汽车对环保问题的关注源于公司的创始人亨利·福特。人们熟知他是T型车的设计者、是生产流水线的创造者、是日薪5美元的推行者，却不知道他也是个关爱自然、喜爱动物的人，是个自然与社会关系的思考者，是最早的环保主义者之一。

在高度依赖工具的时代，我们要如何努力创造出更清洁的技术并如何善用现代工具更好地服务于社会与自然呢？今天有许多普通的生物材料在汽车行业得到了广泛的研究和应用。例如，福特汽车的研究人员能够通过可再生大豆油替代 25％的石油，将橡胶的延展性提高了一倍多，还有助于减少原料中二氧化碳的排放量。福特汽车考虑在未来的汽车项目中采用大豆橡胶零部件，例如散热器导流罩、空气挡板、杯托和地毯。目前有 200 多万辆福特、林肯和水星汽车都是采用了大豆生物泡沫部件，每年可以减少超过 300 万磅石油消耗和 1 100 万磅的二氧化碳排放量。

但这并不稀奇，早在亨利·福特的时代，大豆就已经进入了福特汽车技术人员的视野。20 世纪 20 年代，福特就开始研究在汽车制造过程中使用大豆和其他农作物的可能性。比如，在方向盘制造中使用稻草，用大豆来制作喇叭按钮等，在喷漆中使用大豆油等等。亨利·福特认为在汽车制造中使用可持续的农产品也能带来经济效益。

他甚至预言说："森林需要许多年才能成熟，矿产需要好几个世纪才能成就。我预计会有这么一个时代，那时候工业生产不再需要盘剥森林，也不再需要用矿产。在那个时代，我们从田地每年产出的作物里就能获得所需的原材料。"

作为一个自然的爱好者，亨利·福特对鸟类情有独钟，认为"鸟是人类最好的伙伴"。早在1913年，他就资助开展了对本地鸟类的普查活动并出资启动了保护鸟类的儿童教育。最特别的是，在著名的荣格河边，亨利·福特和他的朋友在自己的农场上为鸟儿们设立了500多个鸟巢作为"鸟的旅馆"。冬天，他们一起用铁丝把装满食物的篮子挂在树上，旁边放上一个大水盆，里面的水靠一个加热器保持温度，使其不至于结冰。无论是夏天还是冬天，他们都为鸟儿准备好食物、饮水和住房，甚至夏天的时候任由樱桃留在树上，草莓留在地上，供鸟儿们食用。福特农场的孵化器里甚至孵出过雉鸡和鹌鹑，还把它们转到雏暖房里进行喂养。当时，在这里生活的鸟类的种类和数量之丰富在北部各州首屈一指。

亨利·福特一度从国外进口了大量的鸟，如黄鹂、苍头燕、金翅鸟、红白鸟、黄嘴朱顶雀、红腹灰雀、松鸦、朱胸朱顶雀、云雀等，大约有500种。但最终这些鸟儿都飞走了，亨利·福特也不再进口鸟，因为他认识到：鸟儿有权利待在它们想待的地方。

亨利·福特一生中唯一一次借用了福特汽车公司的名义对立法施加影响就是为了保护鸟类。主张保护候鸟、为候鸟提供避难所的《威克斯—麦克林鸟类法案》在国会中已经沉寂多年，而且很可能失效。但法案的支持者无法在国会议员中唤起大多数人的兴趣，况且鸟儿也没有选举权。1912年，亨利·福特提出支持这一法案，不仅派出他的广告经理亲自前往华盛顿游说，还请福特的6 000位经纪人给他们在国会的代表发电报。事情发生了转机，鸟儿也有选票了，法案竟被通过了。为此,《底特律新闻论坛》赞誉亨利·福特是"鸟类的救星"。

在亨利·福特丰富的人生经历中有一部分记述了他与美国著名的博物学家、散文家、环保人士约翰·巴洛夫的深厚友谊。他们一个是 T 型车的发明者,一个是环保者,却同样热爱大自然。约翰·巴洛夫极度迷恋大自然,甚至提出过反对现代文明的观点。他厌恶现代工业,不喜欢工厂和铁路的噪音,甚至批评工业的进步,并且宣称汽车将会扼杀人们对自然的欣赏。于是,亨利·福特送了他一辆汽车,让他去体会汽车是否能帮助他更好地了解大自然。虽然年逾七十的巴洛夫花了不少时间才学会驾驶,但他从此对现代化有了一个新的看法,因为他发现汽车能帮助他看到更多风景。巴洛夫有了汽车之后,几乎所有的追寻鸟儿的探索都是用汽车进行的。他终于意识到自己不再被局限于斯拉布赛德的数十公里之内,整个乡间都在向他敞开怀抱,而当时大多数人的出行距离很少超过距家 32 公里。

亨利·福特曾经这样评价巴洛夫的转变:"巴洛夫是一个自然的热爱者,但他并不是自然的仆人。随着时间的流逝,他终于能够看到现代工具的价值,并称赞这些工具,这真是一件令人感兴趣的事情,但更有意思的是,他做出这些改变是在他年过七旬之后。"

事实上,在很多福特汽车环保奖的获得者中,不少人也都坦率地表示汽车可以帮助他们更好地完成工作,比如可以更快地赶去救援受伤的动物,可以到更偏远的地方进行调研等等。

第五章 "汽车大王"对商业者的告诫

福特的一生充满传奇色彩，福特的思想复杂而矛盾，福特生命历程中所经过的事情非常惊人。他于葛底斯堡之战不久后出生，亲历了第二次世界大战结束时对日的原子弹轰炸。从亚伯拉罕·林肯时代到哈里·杜鲁门时代，美国已发生了翻天覆地的变化。身处巨变时期的福特给后人留下的，也不仅仅是有关汽车的东西，与他所取得的辉煌成就相比，他的思想与独到见解闪耀着更加夺目的光彩。

商业需要更注重服务

　　商业上最令人吃惊的是商人们往往把大量的注意力放在金钱上，只把少量的注意力关注于服务，这在福特看来是违反自然程序的。

　　自然程序中，金钱应该是作为劳动的结果而出现，不能放在劳动之前。很多商人认为，只要能赚钱就万事大吉，能否提供更好的产品或服务是无关紧要的。也就是说，一件东西的价值并不是看它能为大众提供多少服务，而主要在于它能挣来多少钱，而对于顾客是否满意这些商人并不特别在意，认为只要把东西卖给他们就完事了。一个对产品心怀不满的顾客并不会被认为是一个信任被辜负了的人，而是被当做讨厌的人。有的是为第一次就该做好的工作榨取第二次金钱的来源。比如，汽车一旦被卖出之后汽车制造商便不再关心它可能会发生什么事情，不在乎它每跑一英里耗费多少汽油，它后期所能提供的服务也不重要了。如果它损坏了，需要更换零部件，那么这只是购车人自己倒霉。那时所谓好的买卖就是以尽可能高的价钱把零件卖出去，他们这么做是基于这样的理论：他已经买车，他迫切地需要零件，因此只有乖乖地掏钱。

汽车业并不是建立在我所说的诚实的基础之上，从生产的角度来看，也不是建立在科学的基础之上，但它并不比一般的行业更糟糕。也许还有人记得，有段时期很多公司是受金融界支撑和扶持的，在此之前只局限于铁路业的银行家进入工业。无论何时，我的想法都是一样的：如果一个人可以把他的工作做得很好，他就应该会为此获得相应的回报，利润和金钱自然会接踵而来；一个企业应该从小的地方做起，才能逐渐地发展壮大；没有积累就意味着浪费时间，意味着这个企业并不适合在这一行业中生存。不过在当时最受欢迎的计划是争取最大额度的资本，然后售出全部股票和债券，在扣除股票和债券销售的费用、宣传费等各种开销后，剩下的钱便勉强成为企业的资金。当时认为，"好"的企业就是能使股票和债券以最高的价格大量出售的企业。对这种企业来说，重要的是股票和债券，而不是工作。我始终不明白，这些企业怎么能够指望获得最大股利的同时又能以公平的价格出售产品。这真是天方夜谭！

那些自称金融家的人们说，他们的钱应该获得 6% 或 5% 的利息。如果一个人向企业投资 10 万美元的话，这个投资者就有权要求得到一笔收益，因为如果他不把钱投入企业，而是存入银行或保险公司的话，也会得到某一固定的利息。因此，他们理应从对企业的投资费用中获取适当的收益，当做这笔钱的利息。这种想法是很多商业服务彻底失败的根本原因。金钱并没有特别的价值，它如果不作为流通货币，本身是不值钱的。金钱唯一的好处，就是用于购买劳动工具或原料，因此，如果一个人认为他的钱能够获得6％或5％的利息，他应该把钱投到真正能够得到回报的地方，投入到工业中的钱不应该是为获得利息，而应该成为生产的动力。所有的回报，都应该出现在生产之后，而并非生产之前。

商人们相信，通过注入资金，他们可以做任何事。他们认为如果第一笔资金没有带来收益而继续注入资金的过程，简直就是把钱往水里扔。大多数需要重新注入资金的情况，都是由于管理不善造成的。再投资的结果，只不过是把糟糕的管理者们的管理时间延长了而已。这种权宜之计是投机金融家们的伎俩，他们就像秃鹰一样，专门去吃变质的肥肉。如果那些地方经营良好的话，他们是不会往里面砸钱的。投机金融家们认为他们投出去的钱正在使用中，这其实是一种幻觉。他们并没有团结起来，而只是把钱拿出来浪费而已。我绝不想为一个尚未开始工作便想着赚钱的银行家或金融家工作。同时，在我看来，投机也绝非赚钱的正道。我希望能够证明，真正的工商业唯一的基础就是服务，也只有这样才能够赚大钱。

在福特汽车成功的案例之中，早期的服务措施是一个显著的成功因素。那个时期大多数昂贵的车只有很糟糕的售后服务：如果你的车坏了的话，你只有依靠当地的修理工（其实你本来是有权利找厂家的）。如果当地的修理工是一位有远见的人，手头存有不少零部件（虽然对很多车辆来说，零部件是无法互换的），那对车主来说就是幸运的。但如果修理工是个没有长远打算的人，对汽车的了解又太少，并且贪念极盛，想从每一位到他这里来修理汽车的车主身上榨取一大笔钱，那么即使很轻微的损坏也要等上几个星期，车主将被狠狠地敲掉一笔修理费。因此，有一段时间，修理工被视为汽车工业发展的最大威胁。甚至直到 1911 年，汽车车主仍被认定是应该被敲竹杠的有钱人。从一开始我们便直面这一问题并很好地解决了它，我们可不希望我们的销售被愚蠢、贪婪的人所妨碍。许多时候正是由于金融控制才使得服务中断，因为金融家指望的是马上得到美元。如果首先考虑的是挣到一定数量的钱，那么除非是靠偶然碰上特别好的运气，有多余的钱用来提供服务，使执行人员有提供服务的机会，否则的话企业的未来就要被今天所挣的美元断送。

生活并不是一场战斗

在很多从事工商业的人士当中有这样一种倾向，就是认为他们的工作很辛苦。他们期待着有一天能够不用工作，赋闲在家依靠退休金而生活。生活对于他们来

说，是一场越早结束越好的战争。这是又一个让我无法理解的地方。生活并不是一场战斗，除非是与我们陷入垂头丧气的倾向作战。如果腐朽也是一种成功的话，那每个人只要忍受着无所事事的懒散就可以了。但假如发展才是成功的标准，一个人就必须每天清晨精神抖擞地醒来，并且一整天都保持活力。有许多大企业早已成为"魔鬼"的代名词，因为他们认为可以运用一贯僵化的管理办法把整个企业管理好。虽然那套管理办法在过去是辉煌的，但现在它能否继续辉煌，要看它能否与今天的变化保持一致，而不是奴隶般地听命和尾随着它的过去。生活，在我看来，不是停留于某地，而是永远都在旅行。即使是那些最深切地感到自己是"安居下来的人"也并非安定下来，他很可能是倒退回去了。生活是流动着的，我们可以住在同一条街的同一个地方，但住在那里的永远不会是同一个人。

我注意到人们出于认为生活是一场战斗、而这场战斗可能由于错误的举动而失败这样的认识，所以热爱着墨守成规。人们陷入半生不死的习惯泥沼。很少会有鞋匠用新的方法去补鞋，也很少有工匠愿意在他的行当里采纳新的方法。习惯导致某种陈规，每种打破这种陈规的举动都会被看做是自找麻烦。在进行一项有关工作方法的研究，以指导工人尽量减少无用的动作和疲劳时，反对最激烈的正是工人自己。虽然有时他们也怀疑这是一项想从他们身上榨取更多价值的举动，但真正使他们恼火的是这种改进将干涉他们久已养成的习惯。商人们正随他们的经营走下坡路，因为他们是那么喜欢陈旧的那一套，无法跟上时代的步伐，这种人现在随处可见。他们不知道昨日已逝，头脑里装的仍然是陈年旧梦。这几乎可以作为一条公式写下来：当一个人开始想到他最终找到了他的方法时，他最好先认真检查一下自己，看他的大脑的某些部分是否还醒着。当一个人感到他被生活"钉住"时，"前进的车轮"定会将他毫不留情地抛下。

同时大多数人还有一种更深层的恐惧：怕成为傻瓜。因此很多人害怕被人认为是傻瓜。我想公众舆论对那些需要它的人就像是一支强有力的监督力量。大多数人需要公众舆论的限制，也许这是真的。公众舆论能使一个人变得比他本身更好，即使不是在道德方面更好，至少让他在社会的某些方面会更好。为了正确的事情被当做傻瓜，并不是一件坏事。这种事情的最好之处在于这种傻瓜通常都能活得足够久，可以证明他们自己并不是傻瓜；或者他们开创的事业能持续得足够久，也能证明他们并不愚蠢。

高质量低价格是普遍需求

每个人都清楚做同一件事情，第二次做总是比第一次做得好。我不知道那时候的企业为什么没有把这一点作为一个基本的事实看待。可能是由于厂家都急于生产可以出售的东西，他们没有时间做好充足的准备。依订单生产而不是大批量生产，我想这是一种习惯、

一种传统，是从很早的手工艺时代传下来的。询问100个人他们希望某一特定的物品怎样制造，大约有80个人不知如何回答，他们把这事留给你来决定，15个人觉得他们必须给点说法，只有5个人真正有想法和理由。由那些不知道并且承认不知道和那些不知道却不承认不知道的人组成的这95个人，才是所有产品的真正市场。5个特别需要某种东西的人，如果他们出得起价钱就能获得所想要的，但他们这个市场很特殊，也很有限。余下的95人中，也许有10到15个人会按东西的质量付钱；其余的人，他们买东西只考虑价钱，不关心质量，不过他们的人数正在日益减少，因为消费者正日渐学会怎样购买产品，大多数人都会考虑质量，并购买同等价位中质量最好的东西。因此，如果你能够提供给这95%的人们全面的服务，以最好的质量生产，以最低的价格出售，你将面临如此巨大的市场需求，它甚至可被称为是普遍需求。

标准并不存在。"标准化"这个词很容易引起麻烦，因为它意味着在设计、方法和日常工作上有一定程度的僵化，生产厂家便选择最容易制造同时又能卖最高价格的产品。公众并不考虑样式，也不考虑价格。大多数标准化背后的动机是谋取最大的利润。如果你只生产一种经济效益巨大的东西，那么高额的利润将持续地流入你的工厂，接着产量会像滚雪球一样变得越来越大，设备也生产得更多，而你却不知道市场上已经充满了这种卖不出去的东西。虽然总有购买力存在，但购买力不会总能够对价格的降低做出反应。同时，如果一种商品以过高的价格出售，最后由于企业的不景气而造成价格暴跌，这种结果会令消费者们非常失望，他们会认为降价只是商家玩的一套鬼把戏，于是他们停止购买，等待着真正的降价。我们就经历了很多这样的事情。如果与此相反，商家的生产效益马上转化到价格上，公众会非常信任他，会做出继续购买的回应。因此，"标准化"可以被看做是一件坏事，除非它能够经常地降低所售商品的价格。价格的降低（这点非常重要）是因为生产的效益使然，而不是由于公众需求的下降，否则它表明公众对产品的价格并不满意，公众将会对需要花那么多钱买一件产品而感到奇怪。

标准化，照我理解并不是要寻找最畅销的物品并专注于此，而是要日日夜夜地计划，也许要计划好几年。首先考虑什么东西最能满足人们的需要，然后考虑该怎样生产它。生产的具体过程会自己形成，然后如果我们把生产从利润的基础上移到服务的基础上，我们便拥有了真正意义上的工商业，产品的利润也就可以满足所有人的需要。

所有这些对我来说都是不证自明的。服务 95％ 的群体是所有产业的逻辑基础，它也是群体服务自己的逻辑方式。我不能理解为什么所有的产业都未能立足于这一基础。为了利用这一基础，我们需要做的就是克服追逐眼前利益的习惯，仿佛眼前的钱是世界上仅剩的钱似的。现在这种错误的习惯在某种程度上已经被克服了，例如国家的所有大型的成功零售商店，都是建立在单一价格的基础上的。唯一需要丢掉的就是那种囤积居奇、只求高价的观念，应该按照常识，即根据生产的成本定价格，然后设法降低生产成本。如果一件产品的样式已经成型，并且经过了专业的研究和市场的考验，那么改变这件产品不太容易，但生产过程的改变会来得快而且完全顺理成章，这种经验来自于我们所从事的一切。需要强调的一点是：除非预先给予了一件产品以足够的研究，否则是不可能生产出足以吸引注意力的产品的。这绝不仅仅是件微不足道的事。

头衔往往被作为摆脱工作的标志

当把很多人聚集在一起工作时，人们最难应付的便是过多的组织和随之而来的繁文缛节。在我看来再没有比那种不时被称为"组织天才"的头脑更危险的事，这通常会导致那些按照族系组成的巨大的官僚体系的诞生。这棵树上沉甸甸

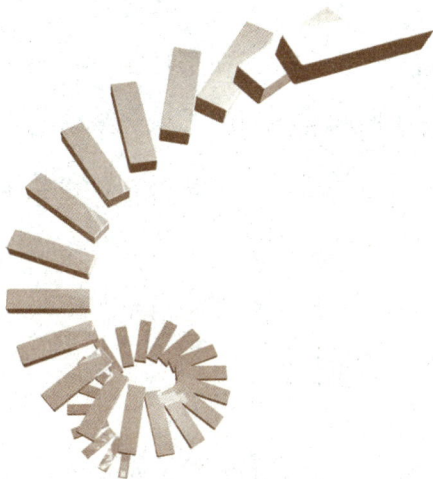

地挂满了漂亮的圆圆的浆果，每一粒果子上都有着一个人的名字或者一个办公室的名字，每个人都有一个头衔和一定的职责，这职责严格地限制在他的浆果的周长之内。

如果一个助理工头有什么事要对总负责人说的话，他的想法要经过下级工头、工头、部门头头和助理总监才能到达总负责人处，也许到那时候，他想要说的话早已成为历史了。住在树中左下角的浆果里的人的信息需要 6 个星期才能到达董事会的董事长或主席手边，即使它到达了这些高高在上的官员手边，那时它的周围也已聚集了一磅重的批评、建议和评论了。没有什么事情能在"官方的考虑"下进行，除非时间早过了他们实际应该行动的时刻。事情被推来推去，所有人都回避责任，正如那种懒惰观念所说，两个脑袋总比一个脑袋好。

照我看来，一家企业并不是一部机器，而是一群人聚集在一起工作，不是为了给彼此写信。对任何一个部门来说，它没有必要知道另一个部门正在干什么。如果一个人正在做他的工作的话，他不会有时间去做别的工作。看着所有的这些部门都在为着同一个目标而有序地工作，这是那些负责整个工作计划的人的职责。没有必要召开会议以沟通个人与个人或部门与部门之间的感情。对人们来说，一起工作用不着彼此相爱。太多的良好关系也许是一件糟糕的事情，因为这可能导致一个人想包庇另一个人的错误，这对两个人来说都是很糟的。

当我们工作的时候，就应该专心致志地工作，当我们玩的时候，应该尽情而投入地玩，试图把这两者混同起来是没有用的。主要的目标应该是先把工作做好，并为此得到报酬。当工作完成之后，便可以开始玩了，但不能在工作完成之前玩。所以福特工厂和公司没有组织，没有任何特别的职责附加在任何职位上，没有一系列的上下级权力等级之分，也几乎没有头衔，没有会议。我们只有绝对符合需要的职员，我们没有任何种类的精细记录，其结果是没有繁文缛节。

我们让个人完全肩负起责任来。工人对他的工作绝对负责，助理工头对他手下的工人负责，工头为他的群体负责，部门头头对他的部门负责，总负责人对整个工厂负责：每个人都应该知道他的责任范围内正发生着什么。而我所说的"总负责人"，其实并没有所谓的正式头衔。例如一个人负责管理工厂已经多年了，且他有两个人帮助他，这两个人没有任何明确的职责范围，只承担着属于他们的工作的特别部分。与他们一起的是大约6个助手性质的人，但没有特别的职责。他们都自己找事做，但他们的工作并没有受到限制。他们都在最适合自己的地方工作。一个人查询存货和缺货，另一个人抓检查。诸如此类。每个人都知道自己的工作范围和要求，而且只需把自己职责范围内的事情做好。

这也许看起来很危险，但实际上并非如此。如果一群人全部都想着把工作做好，完成工作就不会有困难，他们不会陷入权力限制的麻烦，因为他们不用考虑头衔。如果他们拥有办公室和那里所有的一切，他们会把时间用在办公室工作上，并想着为什么他们不能拥有比其他一些同伴更好的办公室。

因为没有头衔并且也没有权力限制，所以没有繁文缛节或者某人受压制的问题。任何一个工人都可以去找想找的每个人，这已经成了一种惯例，因此如果有个工人越过工头直接去找工厂的头头的话，工头并不会为此恼火。但工人很少这么干，因为工头像知道自己的姓名一样清楚，如果他不公正的话，很快便会被人发现，那么他将再也当不成工头。我们不能容忍的事情之一便是任何形式的不公正，一旦一个人开始随着权力而自我膨胀，他就会被人察觉，他就会离开，或者重新回到机器旁边。大量的劳工骚动的原因都是起源于那些下级管理人员不公正地行使权力。这很容易想到：恐怕在很多的工厂里，工人都不可能得到真正公正的待遇。

工作，并且唯有工作能控制我们，这就是我们为什么没有头衔的原因之一。大多数人都能干好工作，但他们会被头衔弄昏了头。头衔的效果是很特别的，它太多地被作为一种摆脱工作的标志而使用。

不要拒绝重复劳动

重复劳动——一件事情一做再做并且总是用同样的方法，这对某些人来说是一件可怕的事。对我来说这也是很可怕的，我不可能整天做着同一件事情。但对大多数人来说，重复性的操作并不可怕。

事实上，对有些类型的人来说思考才是绝对可怕的事情。对于那些不善于思考的人而言，理想的工作是那些不需要表达创造性本能的工作，那些既需要头脑又需要体力的工作几乎没人愿意干，而有些工作让我们总是需要那些因为某项工作困难而喜欢这项工作的人。一般工人是不需要费多大的劲就能找到一份工作，尤其是他想要一份不需要动脑筋的工作。那些被称为创造性类型的人也和那些对单调劳动恐惧的人一样，很容易想象所有其他有头脑的人也和他们一样不安分，因此对那些整天做着几乎同样动作的人表示着毫无必要的悲天悯人。

当你能持认真对待的态度，你就会发现大部分工作其实都是具有重复性的。一个商人有一套常规，他非常精确地予以遵循。银行董事长的工作几乎全是老一套；银行的低级官员和职员的工作则完全是例行公事。确实，对大部分事情和大多数人来说，有必要建立某种固定常规方式，以使大多数动作成为纯粹的重复性动作，否则个人将因完不成足够的工作而不能靠自己的努力过日子。任何一个有创造性头脑的人都没有理由去干单调的工作，因为某些工作对具有创造性思维的人的需要是很迫切的。对于有技能的人来说，绝对不会没有出路，也绝对不会无法施展才能。但我们得承认，并不是所有人都想成为有技能的人。即使有这种想法，缺乏通过训练测试的勇气也是不行的，一个人是无法只依靠愿望而成为一个有技能的人的。

如果一个人没有机器的帮助，就无法挣到维持自己生活的收入，那么因为他使用机器可能导致单调而废弃机器，这是造福于他吗？让他去挨饿？一个人会因为挨饿而更幸福吗？如果他不能充分使用一台机器，他会更幸福吗？假如他生产出来的比他所能生产的要少，并因此获得少于他可用于换取利益的收入，他会更幸福吗？

我还没有发现重复性劳动会给人造成某种伤害。有些专家们告诉我，重复性劳动是既损害身体又损害精神的，但这并不是我们调查的结果。有一个事例是说有个人整天不干别的，只是踏着踏板排放装置，他认为这个动作使他成了单侧症病人，但医院检查显示他并没有得这种病。他后来被调去做另一种工作，这种工作需要运动不同的肌肉，然而几个星期之后，他又要求再干回他的老本行。这看起来似乎很有道理：一天 8 小时做着同样的一套动作很容易使身体变形，但我们从未碰到过这样的事例。只要有人要求调换，我们便予以调换。我们希望能定时对他们进行调换，只要工人们愿意的话，而且这是完全可行的。有些操作无疑是单调的，如此单调，看来不可能有人愿意长久地干这同样的工作。比如，整个工厂最单调的工作也许就是用钢钩拣齿轮的活了：把齿轮拣起，在油桶里摇一下，然后把它放进篮子里。这个动作没有任何变化，齿轮总是放在同样的地方，他摇每个齿轮的次数同样多，他把齿轮总是放在同一个地方的篮子里，这不需要什么力气，也不需动什么脑筋，他别的什么也不干，中间只来回轻轻地挥着他的手，那钢钩非常轻。但干这项工作的人已经干了整整 8 年了，他把挣到的钱积蓄下来并进行投资，到现在他已有 4 万美元了，并且他顽固地拒绝每一个让他去干更好的工作的劝告。

最彻底的调查是没有发现任何一个例子是人的头脑由于工作而被扭曲或变麻木。那种不喜欢重复性劳动的人不会干这种重复性劳动。每一个部门的工作都根据其优越性和技能分成甲类、乙类和丙类，每一类都有 10 种到 30 种不同的操作。一个刚刚被雇用进来的人去干丙类的活，当他干得更好的时候再进入乙类，依此类推，他再进入甲类，从甲类出去后可进入工具制造部或其他需要更高能力的工作。他能进入到什么地方完全取决于他自己。如果他一直待在生产部门，那是他喜好的缘故。

再没有比工资更重要的事情了

靠惯例来管理一个企业是不行的。比如用"我支付越来越高的工资"这样的方法，说这话的人不会轻易地说："我没有比别人更好、更便宜的东西出售。"没有一个头脑正常的工厂主会认同这样的想法：只买最便宜的材料就能够生产出最好的产品来。那么，为什么我们听到那么多的关于"劳动力清理"和降低工资给国家带来好处的论调呢？降低工资只能意味着降低购买力和抑制国内市场。如果工业管理如此糟糕，以致无法给予与它相关的人们一份好的生活，那工业有什么好处？再没有比工资更重要的事情了，因为这个国家的大多数人都是靠工资生活的。他们生活的提高，即他们工资的增长率，决定着这个国家的繁荣。

在整个福特公司，我们现在的最低工资是一天 6 美元，以前的最低工资一天也有 5 美元。把工资恢复到旧的市场工资水平是很不道德的，同时这也将是最糟糕的企业。

首先我们来看看各种关系。把一个雇员称作伙伴是不常有的事，然而，他还能是别的什么身份吗？一旦一个人发现管理企业已经超出了他个人的时间和精力允许的范围，他便叫来助手和他一起分担管理工作，那么，如果一个人发现企业的生产量太多了，已经超出了他的两只手所能干的范围，他怎么能否认那些来帮助他生产的人是他的"伙伴"呢？每个多于一人的企业都存在一种伙伴关系。一个人在叫别人来帮助他的企业的那一刻，即使这位助手是一个孩子，他也有了一位伙伴了。也许他自己就是这家企业的唯一拥有者和运行的唯一领导者，但只有当他同时还是唯一的经理和唯一的生产者时，他才能宣称自己是完全独立的。一旦一个人依靠别人来帮助他，他便不再是独立的了，这是一种相互关系——老板是他的工人的伙伴，工人是他的老板的伙伴。事实便是如此。如果老板或工人单独自认为自己是不可缺少的，这是没有益处的，两者都是不可缺少的。假如一方以牺牲另一方的利益为代价而变得不可一世，这最终也将牺牲掉自己的利益。资本家或劳动者各认为自己是一类人，这是绝对的愚蠢，他们是伙伴。当他们互相对立想打倒对方时，他们只是在损害那个组织；如果在这个组织中他们是伙伴，那么他们都会从这个组织中获得利益。

作为领导者，雇主的目标应该是能给工人比同行业的任何一家企业都高的工资。而工人的雄心应该是使这一切成为可能。当然，似乎在所有的工厂里都有人相信，如果他们尽最大的努力工作的话，那只会对雇主有利，而根本不会对他们有任何好处。有这样的感觉存在真是一件可悲的事情。但它确实存在，并且也许它的存在是有自己的合理性的。如果一个雇主要他的工人尽最大的努力工作，那些工人过了一段时间了解到他们的最大努力并没给自己带来任何回报，那么他们自然而然地会失去工作的热情。但如果他们看到艰苦劳动的果实就在他们的工资袋里，则证明更努力的工作意味更高的报酬，那么他们就开始认识到他们是公司的一部分，公司的成功依靠他们，他们的成功也依靠公司。

"雇主应该支付什么"或"雇员应该得到什么"这些都只是小问题，基本的问题应该是"企业的立足之点是什么"。当然，没有企业能建立在入不敷出的基础之上。当你从一口井里抽水的速度超过井里的水流出的速度，最终井里就会无水可抽。当井水干涸之后，靠这口井喝水的人就只能忍受干渴。也许他们可以把一口井里的水抽干之后，再跳到另一口井里去抽水，可是这样一来，所有井里的水都被抽干只是一个时间早晚的问题而已。现在有一种广泛的需求——公正地分配报酬。不过，必须认识到的是这报酬是有限的。企业本身设定了限度，你不能从一家只挣了 10 万美元的企业里拿出 15 万美元去分配。企业限制着工资，但什么事情限制着企业呢？当企业盲从糟糕的惯例时，企业便限制了自己。

当人们不是说"这个雇主应该如此这般去做"，而是说"这家企业应该如此富于激励性且管理良好，以便能如此这般去做"时，企业及雇主和雇员便有前途和希望了。因为只有企业能支付工资，雇主肯定不能支付，除非有企业提供保障。当企业无法保障更高的工资，雇主也拒绝支付时，那怎么办呢？支付工资应作为一条法律，一家企业意味着很多人的生活来源，不能够随意践踏。"杀死"一家企业是犯罪，因为很多的人把自己的劳动投入到这家企业，他们把它当做是实现自己价值的地方，是他们生活的来源。雇主忽视雇员，并时时问自己："给他们钱少到什么程度才好呢？"这会使他一无所得。雇员以牙还牙地问："我能强迫他给出多到什么程度才好呢？"这也会使他一无所得。最后双方将不得不回到企业问题上并问："这家企业怎样才能变得更安全更有利可图，以便能为我们大家都提供一种稳定的、舒服的生活？"

　　但不会是所有的老板或所有的工人都会想得这么远。短视的习惯是很难改变的。能为此做什么呢？什么也做不了。没有规定或法律能使之改变，但开明的利己思想会使之改变。使开明的想法四处传布需要一定的时间，但传布它必须是本着对老板和工人两者利益的关注，使他们为着同样的目标而工作，使企业能够向前发展。

不要用减少工资来降低成本

　　亨利·福特是个明智的商人。他宁愿少赚一些钱，以便让他的业务能继续进行，而不是高价囤积货物去阻碍他企业的进步。有他这样的人是工人

的福音。他有着一个聪明的头脑，能够从他的存货中作调整，而不是降低送货人的工资，从而降低工人们的购买力。

　　福特并没有就地把持着产品价格，坐等时机好转。他认识到了那些似乎被普遍忘掉的事情——企业主的一部分职能便是不时地损失一些钱，我们得承担我们的损失。这会导致我们的销售量最终和别的货物的销售量一样跌了下来，出现了大量的库存，以那些库存

的材料和零件的成本价算，我们的车不能以低于我们所定的价格出售。但这个基于企业考虑的成本价格比人们能够或想要出的价格高。所以我们决定承受我们该承受的损失，我们降价处理了 1 700 万的库存——宁愿承受损失也不愿工厂停业。那是根本没有选择余地的事情，否则损失会更大。

这从来就是一个从事工商业的人的选择。他可以直面损失并向前发展他的商业活动，当然他也可以停业不干，承受无所事事的损失。而那种停业不干的损失一般来说要大于实际损失的金钱数额，因为在这段无所事事的日子里，恐惧会把积极性消耗掉。并且如果关门太久的话，很多人不会有足够的精力和勇气再次开业。

等待企业情况的改善是没有用的。如果一位企业家要行使他的职能的话，他必须把他的产品价格降到人们可以承受的程度。不管情况如何，总会有人能够也愿意为生活必需品出价。

通过降低质量或能引起劳工们的不满的短期的节省（降低工资）是无法实现降低成本的。降低成本没法通过四处糊弄而实现，只能通过提高生产效率来实现。并且，当所有的企业都陷入萧条时，企业界的人士应该把这看做是对自己头脑提出的挑战。可以肯定的是把注意力集中在价格上而不是集中在服务上的企业家是不能为他作为业主的存在而提出公正的理由的。

产业不能和银行业混在一起

　　工厂的首要目的是生产，如果一直牢记这一点的话，那么金融就成了第二位的了，也就是记记账而已。我的财务操作非常简单，开始的宗旨是现金买卖，手中留有大笔流动资金，积聚降价带来的各种收益，存入银行获取利息。我认为银行主要是一个安全而方便的替你保管钱财的地方。我认为我们在介入竞争经营的那一刻，便丧失了自己的经营；我们在成为金融专家的那一刻，便损失了产量。工厂的金库是车间而不是银行。我并不是说一个经营企业的人对金融应该一无所知，但他最好是知道得少一点，因为如果太精通此道的话他就会想去借钱而不是想怎么去挣钱，然后为了还所借的钱他就要借更多的钱，这样他不是成了一个企业家，而是成了一个耍钞票把戏的人。

　　如果他真是一个把戏高手的话，他可以把这一套把戏耍很久，但总有一天他注定要出差错，那时他的一切就会化为乌有。实业坚决不能和银行业混在一起。我认为有一种趋势，就是很多实业家和银行业混在一起，太多的银行家和实业主搅在一起。这种趋势使实业和银行业两者的真正目的都变形了，并使两者都受到了损害。金钱从实业中来，而不是从银行中来。我发现工厂自身就能满足每一种需求。有一次，公司迫切需要资金，当工厂的工人被动员起来时，公司征集到了一笔巨款，比这个国家的任何一家银行愿意提供的贷款数目都要大得多。

大多数情况下我们是以否定的方式谈金融问题的。好多年之前，我们不得不站出来否认福特汽车公司归标准石油公司所有，在那次否定声明中，为了方便起见我们还附加了一个否认声明，否认我们将与任何其他行业合并或我们打算通过邮寄出售汽车。还有一次最活灵活现的谣传是说我们将到华尔街去寻找贷款。我不想去一一否认，要否认这一切需要太多的时间。相反，我们只是证明我们不需要任何钱。从那之后我再也没听说过福特公司去华尔街贷款的事了。

我们并不反对借钱，我们也不反对银行家。我们反对的是试图用借钱来代替工作的行为，我们反对的是那种把企业当做西瓜来切的银行家。我们应该做的是把货币、借贷和金融放在恰当的位置上。为了做到这点，一个企业家必须考虑清楚需要的是什么钱，这钱怎样偿还。

金钱只是经营的一种工具，只是机器大工业的一部分。如果麻烦出在企业内部，你可以借 10 万架车床替代 10 万美元，如果更多的车床也解决不了问题，更多的钱也一样。只有更多地动脑筋思考，再加上聪明和勇气，才能解决问题。一个企业如果滥用它的资源，那么它将继续滥用它能获得的一切，所以解决问题的关键在于根除滥用。当这点做到了，企业就会开始挣钱，就像一个康复的人开始自己制造充足的血液。

借款很容易成为避免麻烦的借口，借贷可以很容易地变成懒惰和骄傲的催化剂。有些企业家太懒，不想知道发生了什么，也不下到底层看到底是怎么回事，或者他们太骄傲了，不允许自己想到任何他们所倡导的事情会出错。但是企业法则就像重力法则一样，那些抗拒它的人将感受到它的力量。

为扩大生产而借钱是一回事，为弥补错误的管理或浪费而借钱则是另一回事。你不会因为后者而需要钱，因为钱在这方面做不了什么。管理不善得用脑子来纠正，浪费得用节俭来纠正，这两种纠正都与钱无关。实际上，钱在某种情况下还会是它们的敌人。很多企业家都感谢他们的星相，他的星相向他表明他最好的资本是他自己的头脑而不是银行的贷款。借钱在某些情况下就像喝醉的人为了醒酒而再喝一杯，它并不能做到所期望做到的，它只是雪上加霜。把企业开支中松开的口子扎紧比借7％利息的贷款这样的措施要好得多。

消灭贫穷要靠更好的生产

消灭贫穷不能靠个人节俭，
而要靠更好的生产。"艰苦"和
"节俭"的观念已经腐朽不堪
了。"艰苦"这个词往往代表着
一种恐惧。大量的触目惊心的
浪费事实会给人以深刻的印象，
尤其是在物质最丰富的条件下，这导致了对奢侈的强烈反对，于是
人们抓住了"节俭"这一根救命稻草。但节俭实际上只是从大恶过
渡到小恶罢了，它并没有走完从错误到真理的全部旅程。节俭只是
生活一半的法则。当然，毫无疑问它要比浪费好得多，同样毫无疑
问的是它并不如直接享用好。那些为他们的节俭而骄傲的人们把它
当做一种美德，一个节俭的人在丰饶的岁月积攒一些小金属片并牢
牢抓住不放，还有比这更可怕的事情吗？能够很快地获得生活的必
需品难道不是更好吗？我们都很清楚那些节俭的人们，他们甚至对
他们呼吸的空气的数量都很吝啬。他们舍不得给予别人任何东西，
他们的身体和灵魂一样都紧紧封闭着。

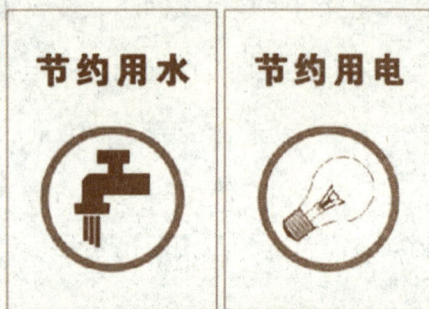

节俭是另一种形式的浪费，它是对生活的意义和快乐的浪费。

有两种浪费者——一种是肆意挥霍的人，他把自己的财富在灯红酒绿中随意挥霍；还有一种便是守财奴，他宁愿让自己的钱烂掉也不用。那些严格的节俭者很有可能被归入守财奴一类。

节俭可能也是对奢侈的反叛，甚至有可能会形成过分地强调节省的习惯。每个人都有一份积蓄，这是正常的、应该的。如果你有能力拥有积蓄但却没有的话那就是浪费。但这也有可能矫枉过正。我们教育孩子们把他们的钱积蓄起来，作为反对不加考虑和自私的花费，这是有意义的，但这并不是积极的方式，它并没有引导孩子学会安全、有效地管理自我开支的方式。教育孩子投资和使用钱财要比光教会他们节俭更好。

大多数不遗余力地节省几美元的人，如果把那几美元用于投资的话会好得多——首先在自己身上投资，然后在另一些有用的事情上投资，最终他们会存下更多钱的。年轻人应该去投资而不是储蓄，他们应该给自己投资以增加自己的创造性价值。在他们使自己达到最有用的状态后，那时就可以把收入的很大一部分储存起来。当你在阻碍自己变得更有创造能力时，你不是在节约，实际上是在失去你最重要的资本，在减低自然投资的价值。使用的原则是真正的指导原则，使用是积极的、活跃的、生机勃勃的。使用是有生命力的，它增加了物品的价值。

有一种观点一直在流传，认为在工业和农业之间存在着根本性的冲突。我认为根本就没有这种冲突。认为因为城市太拥挤了，所以人们都应该返回农村的论调完全是胡说八道。如果所有人都这样的话，那么务农很快就会成为一件不再令人满意的工作了。所有人都应该涌入工业城市的说法，也同样是没有头脑的。如果农业荒弃了，企业主还有什么用处呢？事实是，在农业和工业之间能够存在互惠互利关系。工厂主能给农场主提供他要成为一个好农场主所需要的东西，而农场主和其他购买者可以给工厂主提供他要成为一个好工厂主所需要的东西。然后，有着运输作为使者，我们就会有一个建立在服务基础上的稳定和良好的体制。如果我们生活在一个较小的社群，那里的生活没那么紧张，那里的田间和菜园的产品没有那么多的中间获利者，那么那里的贫穷和不安就会少很多。

尽力创造财富才能自给自足

我们正在摆脱这种对占有物质的崇拜，成为富人不再是多么了不起的事。事实上，成为富人不再是所有人的野心了。人们并不像他们过去那样为挣钱而挣钱了，他们也当然不再敬畏钱了，也不再站着向拥有钱的人敬礼了。积攒我们并不需要的东西并不能增添我们的荣耀。

你只要稍微想一想就能明白，就个人来说，大量地积攒金钱没有任何意义。一个人只是一个人，他只靠和别人同样数量和种类的食物养活，靠同样多的衣服取暖，不管他是穷人还是富人。没有人能同时住两间屋子。

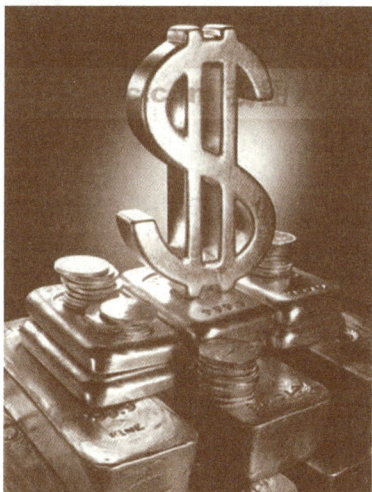

但是如果一个人能考虑到服务，如果这个人有着宏伟的计划，这计划不是在一般的情况下能够实现的。如果这个人有一个一生的抱负，想使产业像玫瑰一样开出那么美丽的花，一天的工作生活充满着激情，那么他在一大笔金钱中看到的就像一个农夫从他的玉米苗中看到的一样——新的更大的丰收的开始，这丰收的幸福将像太阳的光辉一样洒满大地。

这世界上有两种傻瓜。一种是百万富翁，他认为通过聚集钱财能在某种程度上积累真正的权力；另一种是身无分文的革命家，他认为只要他能从一个阶级手中把钱拿过来，再把钱给另一个阶级，这世界上的所有痼疾都将治好。他们都误入了歧途，他们的想法好比是在试图买下世界上所有的国际象棋和多米诺骨牌，以为这样他们便获得了大量的棋牌技巧。难道一个玩牌的人能为这个世界增添任何财富吗？

如果我们所有的人都尽我们最大的能力去创造财富的话，那么每个人都能获得足够的东西，这世界也能为每个人提供足够的东西。这个世界上出现的任何真正的生活必需品的匮乏，不是由钱包里缺少金属片的碰撞声引起的，而只能归因于缺少足够的生产，而缺乏生产经常只能归因于缺乏怎样生产和生产什么的知识。

第六章 "汽车大王"的成功秘诀

　　福特是工业生产革新史上占有重要地位的先驱者。他采用了适合于大规模批量生产的流水线生产方式，使他所推出的著名的T型车、A型车、V型车等都被称为历史上著名的"世界车"，这成为世界汽车工业发展史上的重要里程碑。

　　福特的成功秘诀又有哪些呢？

只有工作才能创造财富

　　亨利·福特的成功，取决于他权衡智能的卓越的判断、决策和组织能力。福特识字不多，他只上过小学和底特律夜间职业学校，既不会画设计图，也看不懂蓝图。他早年在机械厂当学徒时，就以勤奋好学而闻名。为获取更多知识，他到发明大王爱迪生公司打工，后来升为机械工。当他听说有人设计了一种依靠动力能自动行走的交通工具时，他的权衡结论是：这种新型的交通工具，具有极大的潜在市场，可以带来不可估量的财富。他毅然辞去爱迪生公司的工作，全力以赴地实验开发这种新型的交通工具。实验费用不够，他就从生活费中挤；知识和经验不足，他就虚心请教。在实验以汽油做燃料的引擎时，他多次请教爱迪生。他结交一流作家、教育家、科学家和政治家，从他们那里学到了不少东西。1892年，他的汽车实验和装配终于成功。

福特的哲学是"即使不知道事实，也要向前进行。在工作中将会知道事实"；"只有蠢人，才有办不到的事"。1899年，他创立底特律汽车公司。为了推进公司的飞速发展，他要租借别人的权衡智能库为己所用。1903年，他果断起用詹姆士·古沾，把他从一般职员提拔为财务科长。世人皆认为，要是没有古沾，福特汽车恐怕不可能问世。古沾不但担任财务科长之职，同时也为福特公司的事业活动铺路，使福特汽车得以继续生产。他掌管的范围包括销售、服务、宣传、代理店和分店等，严格控制一切，包括福特本人在内。公司中似乎没有一人不承认他的这种推动力。

哈洛德·威尔斯，是福特从别家公司挖过来的人才。他设计了早期的T型车，使其构造趋于完美，为福特公司大赚了一把。华尔特·佛兰德斯，虽是个普通的装配工，但是福特全力支持他发明装配线的实验。他发明的装配线，使大生产的方式有了可能。从而，福特汽车公司一跃成为世界上最大规模的汽车生产基地。索连生，是一个从丹麦移居美国的木制模型工人的儿子，他不但学了一手和他父亲一样的好手艺，而且为人忠厚。1905年，福特把他引进公司。第二次世界大战中，福特公司处于惊涛骇浪中。1939年，福特因中风卧病在床，福特二世还没有管理公司的经验。正是有了索连生为公司掌舵，才使福特公司渡过难关，并使公司牢固地掌握在福特手中。为了挤掉竞争对手，福特依靠自己先进的装配流水线，在降低生产成本的同时，极大地提高工人的工资。他把日薪提高到5美元，比其他汽车公司高出 50％之多。这一独特的决策，使他名利双收。

福特认为，经济一旦与政治联姻，就会带来意外收获。1918年，他出马竞选密歇根州参议员。由于他不善于演讲，结果落选。当有人提名他为总统候选人时，他说："如果当选，我会就职的。但一进入白宫，我将雇用一个能言善道的人替我讲话。"福特在政治上虽未能如愿以偿，但他表现了极其强烈的自我主权意志。

一次，《纽约时报》的一名记者采访福特，问他的生财之道，他满怀信心地答道："财产是来自对方那一边的，不是自己挣得的。"正是因为大多数人的自我权衡智能未能充分开发，才把应得的财富、权利拱手让人。福特这种从超前消费者身上取得财富的方法，的确棋高一筹。

福特常说："我给年轻人的忠告是，如因工作而需要，那么就要下定决心改革任何组织，废除任何方法，放弃任何理论。"这是福特对自我主权意志的诠释，也是其成功经验的概括。

控制公司的主权才会成功

如果我们自己的公司都不能够控制，那么为公司所创造的价值，能体现我们的成功吗？答案是显而易见的。亨利·福特之所以能成

为汽车大王在于他能控制
自己的公司的钱袋及核心
资源。

一、控制公司钱袋

控制企业的钱袋是这个
技术专家实现梦想的第一
步。1896 年，亨利·福特把底特律第一辆"汽油马车"开上了大街；
1899 年 8 月，37 岁的他从电力公司辞职，从此将全部精力投身于汽
车事业，而且妻子坚定地支持他。

起初在底特律汽车公司（卡迪拉克公司前身）当总工程师，参
与了三年作坊式的生产之后，他再次辞职，决心"再也不受别人的
指挥了"。1903 年福特汽车公司成立，资本是 10 万美元，起初他的
股份是 25.5%。

"尽管有以前的教训，但我仍然想发展一个自己的股权少于控股
权的公司，"亨利·福特后来回忆，"不过，很快我又发现自己必须
拥有控股权。"当产量达到一天 100 辆的时候，有些股东感到强烈的
不安，他们试图阻止亨利·福特管理公司。而他的回答则是："我很
久以前就希望一天能生产 1 000 辆。"

1906 年亨利·福特用赚来的钱持有了 51% 的股权，没过多久又
增持到 58.5%；到 1919 年，他的儿子埃兹尔以 7 500 万美元买下
了余下的 41.5% 的股份。

"一个工厂为了获得真正的经济效益，必须全力以赴地生产一种产品。"亨利·福特认定，"金融策略是由我的销售策略决定的，我相信薄利多销比厚利少销要好得多。"这也意味着前所未有的风险。如果当时的福特公司受制于投资基金，在稳定盈利后很难进行"惊人的一跳"，进军前所未有的"大众消费品市场"，这意味着简单品种、超大规模生产、低价销售网络。

福特公司魔法般地快速发展起来。既然历史是由胜利者书写的，既然成熟市场曾经只存在于亨利·福特的脑海，既然他赢了这场赌博，那么他是对的。

工厂主控制财务的能力曾经受到华尔街的挑战。1920 年末，战争中膨胀起来的汽车制造业遭遇不景气，华尔街预测福特公司需要大量的周转资金。此前福特家族买下了公司的所有股份，在 1921 年初的几个月要支付 5 800 万美元，而此时福特公司银行账户上只有 2 000 万美元。

考虑到亨利·福特长期以来对于金融资本、借贷行为的偏见，华尔街兴高采烈。一个救治方案是：借钱。以巨额贷款换取银行代表担任福特公司的财务主管。

亨利·福特发起了企业内部挖掘潜力的战斗。他把儿子任命为公司的财务主管，清理战争时期的冗余，收回国外的钱、出售自由公债并卖掉副产品。

1921 年 1 月下旬，全公司 10 000 名骨干（工头、初级工头和助理工头）聚集在核心工厂开工。每辆车的间接费用从 146 美元削减到 93 美元（每天产量超过 4 000 辆）；通过改进货运，生产周期从 20 天缩短为 14 天，这一项就盘活了 2 800 万美元！最终结果是：福特公司偿还债务后还剩 2 730 万美元现金。

"为扩大生产而借钱是一回事，为弥补浪费和错误的管理而借钱则是另一回事。"打完反击战的产业资本家反思，"银行家实际上通过控制他的信贷而控制着一般的企业家。银行家过得太舒服了。"

二、控制核心技术、材料

一部福特车大约有 5 000 个部件。对生产的核心材料、技术，关键零部件的掌握是大规模生产的前提。

起初，福特公司在一个工厂里组装整部汽车，后来由于自己制造零件，开始了部门化，每个部门只负责一件事情。精细的分工之下，福特公司减少了向外面购买零件，而是在外面的工厂制造零件。高度标准化、高度分工的工业不再集中在一家大工厂里。

钢材是汽车业用料的基石。1905 年，亨利·福特在一次赛车比赛中发现了法国赛车的钢质很棒，很轻又有韧性。经过研究，他们知道这种法国钢有钒的成分。美国没有钢铁厂能生产，他们找到了一个懂得生产的英国人，又找到一个小钢厂做高炉试验，从此开始用 20 种不同的钢铁来制造各种零部件。

汽车生产需要大量的煤。这些煤直接从福特公司的煤矿经底特律、托里多和福特公司控制的埃尔顿铁路运到高地公园工厂和占地

166

665英亩的荣格工厂。其中的一部分用于炼焦炉，其副产品——煤气则用于热处理，本来煤气都是要花钱购买的。

对足以影响生产稳定性的材料、零部件"不假外求"，使得福特公司的生产不受天气、战争的影响。相反，战争期间他们除了为海军制造潜水艇、为陆军制造坦克，还为英国农场提供了5 000辆拖拉机。只有控制公司的主权才会成功，如果你不能控制它，那么你真的会成功吗？成功在于创造，更在于掌握。

成功在于高工资的观念

美国的汽车大王福特认为：再没有比工资更重要的问题了。他在《我的生活与工作》一书中写道：因为这个国家的大多数人都是靠工资生活的，他们生活水平的提高决定着这个国家的繁荣。

福特强调，工资担负着工人在车间之外的全部负担，以及年老后他不能劳动时的生活。同时他也是一个有

家庭的人，他也许是孩子们的父亲，他必须凭他挣的钱把孩子们培养成才。我们必须考虑到所有这些事实，让孩子们有衣可穿、有房可住，让他们能够接受教育，给他们生活的各种小享受。

福特是个资本家，他这样说，当然也是从自己利益出发的。20世纪初，福特公司以每天5美元的日薪招聘工人，成为当时轰动美国的大事，因为那时美国工人的平均日薪也就2美元多。不少人认为福特汽车公司会因为过高工资的拖累而倒闭破产，而福特汽车公司却蒸蒸日上，福特也成为享誉全球的汽车大王。原因很简单，高工资极大地调动了工人的积极性，使他们安心工作，由此多创造的效益比福特付给他们的高工资多得多。

"作为领导者，雇主的目标应该是比同行业的任何一家企业都能给工人更高的工资。"亨利·福特的工资观念体现了"开明的利己思想"：工人得到每天6美元（后来从5美元又涨到6美元）的最低工资；工作时间率先由9小时缩短为8小时。

"高工资"还有另一个含义。人们经过仔细观察发现，在7 882项工作中有4 034项并不完全需要身体的健全。这成了福特工厂雇佣残疾人士的理论基础。上万名残疾人士平等地获取正常工资。除了工资，还有福利。享有福利的条件是：负担家庭生活的已婚男人，以及生活节俭的单身男人和抚养亲戚的妇女。

高工资结合福利有助于实现低成本。工人对工厂有深厚的感情，提高效率、增产节约的创造性办法层出不穷。

好的建议往往来自于认真工作的工人们。用高架传送装置把铸铁从铸造厂运送到机器车间，这为运输部节省了 70 个人。据估计，福特公司在节约上得到的收益超过 4 000 万美元；如果每个零件都节省一分钱，一年的总数可达上百万美元；从清扫的垃圾中一年可以获取 60 万美元；采用一种特殊螺丝一年可节省 50 万美元……

福利的享有者甚至包括了客户。福特公司的利润由于资金周转快而长期保持在很高的水平。有一年的利润远比期望的多，于是公司自愿返还每一辆车的车主 50 美元。

亨利·福特曾经说过：成功的秘诀，在于把自己的脚放入他人的鞋子里，进而用他人的角度来考虑事物。服务就是这样的精神，站在客人的立场去看整个世界。

尊重每一位职工

"尊重每一位职工"这个宗旨就像一条看不见的线，贯穿于福特公司管理企业的活动，同时也贯穿于企业领导的思想。这个基本信念对于其他任何企业领导来说都是不能忘记的，不但不能忘记，而且还应该扎扎实实地将它付诸实施。如果口是心非，受到惩罚的不是别人，只能是企业本身。

"生产率的提高，不在于什么奥秘，而纯粹在于人们的忠诚、他们经过成效卓著的训练而产生的献身精神、他们个人对公司成就的认同感，用最简单的话说，就在于职工及其领导人之间的那种充满人情味的关系。"这段话揭示了这样一点："人是最宝贵的资源，对人尊重使工作成为一种新型的具有人情味的活动——爱你的职工，他会加倍地爱你的企业。"

尽管绝大多数经理都能够意识到人的重要性，但在现实中间并不是绝大多数的经理都能真正地尊重人，尽管有些是他们无意识的行动。那么，怎样才算是尊重人呢？我们从福特公司所获得的巨大成功中，大致可以发现一些适合于所有企业的一般性原则：要使职工真正地感到自己是重要的。在人类社会中，每一个人都是重要的，在企业中也并不例外。因此，企业领导不论是在制订计划还是在日常的交往中，都必须发自内心地记住这一原则，并且要把这一原则处处体现在自己的行动上。

俗话说得好，人心都是肉长的。一个感到别人对自己友好并尊重自己的人，是不会以怨报德的。这样一来，企业就会招揽更多的人才。一个会揽才的企业，总会比只知对财、物斤斤计较的企业兴旺发达的。要认真倾听职工意见。工作在装配线上的工人们由于天天与生产线接触，因而往往比领导更熟悉生产情况，他们完全可能提出经理们所想不到的意见来提高劳动生产率。此时，领导是否能够倾听工人意见便至关重要。

当职工找你来谈关于公司生产经营等方面的建议，或其他有关企业事宜，而被你拒绝的话，这会使他（她）的自尊心受到伤害，而对工作感到心灰意冷，最终影响企业劳动生产率。特别是青年人，往往会因为受到上级的责难怀恨在心而怠工，生产次品来进行报复。所以作为一个企业领导，即使不从人情的角度来考虑，也应当从企业经济效益得失的角度考虑，认真倾听职工的意见。"士为知己者用"，如果连坐下来听听对方的话都做不到，那就更说不上使人才为你所用了。对每一位职工都要真诚相待，信而不疑。这与高层领导人员用人不疑、大胆放权是同出一辙，人与人之间最宝贵的是真诚。只有建立在彼此推心置腹、真诚相待、信而不疑基础上的友谊，才能经得起考验。管理人员要想真正尊重职工，就必须和职工建立起这种经得起考验的友谊。但要做到这一点，并不是一件很容易的事，这要求管理者无论身居何职都要坚持不耻下问，与部属兄弟般相处。

福特公司曾经向职工公开账目，这一做法使职工大为感动。实际上这种做法对职工来说无疑产生了一种强大的凝聚力，它使职工从内心感到公司的盈亏与自身利益息息相关，公司繁荣昌盛就是自己的荣誉，分享成功使他们士气更旺盛，而且也会激发他们奋起直追。这就是坦诚关系的妙用。

全员参与生产与决策

　　全员参与生产与决策是福特公司在职工管理方法中最突出的一点。公司赋予了职工参与决策的权力，缩小了职工与管理者的距离，职工的独立性和自主性得到了尊重和发挥，积极性也随之高涨。"全员参与制度"的实施激发了职工潜力，为企业带来了巨大效益。"参与制"在美国许多企业以至世界各地的企业中发挥着重要作用，实践证明：一旦劳动力参与管理，生产效率将成倍提高，企业的发展将会获得强大的原动力。

　　"参与制"的最主要特征是将所有能够下放到基层的管理权限全部下放，对职工报以信任的态度并不断征求他们的意见。这使管理者无论遇到什么困难，都可以得到职工的广泛支持。那种命令式的家长作风被完全排除。同时，这种职工参与管理的制度，在某种程度上缓和了劳资双方势不两立的矛盾冲突，改变了管理阶层与工人阶层泾渭分明的局面，大大减轻了企业的内耗。

在当今新技术革命中，世界各国之间或一个国家各企业间竞争的焦点已经集中在人才上。这里的人才不仅仅指高水平的专业人才，还包括那些作为生产基础的高素质职工队伍。

当福特公司招聘工人时，应聘者趋之若鹜，远高于计划招聘人数，面对众多应聘者，福特公司采取了雇员筛选法，应聘者需参加3个小时的考试。这些考试包括阅读技术材料并回答问题，在各种手艺测验中选择一项。随后在分数较高而且有扎实工作经验的应聘者中进行初选。至少由两名公司雇员对候选人进行面试，选择最有前途的求职者。最后，候选人还必须通过吸毒检查和体检，由医生确定他们是否能胜任工作。

福特公司注意网罗受到过高等教育的人员，因此其新工人中受过高等教育的比例呈上升趋势。制造业现在已不像过去那样被人瞧不起，不少受过高等教育的人也乐意在组装线上拧螺丝。例如，威廉·沃德是一个获得历史学士学位的大学毕业生，却进了福特公司的一个装配厂。虽然现在福特公司不指望雇佣的新工人都是大学毕业生，但他们在工厂不断发展之际无疑想招聘到一些可以节省培训和再培训费用的工人。

同时福特公司大幅度裁减管理人员，让工人自己负起某种责任，保证好质量，重新改进生产程序和产品。无疑，在此方面，受教育程度高的人具有一定优势。受过更高教育的人进入福特公司显示着

新一代美国汽车制造工人正在出现。福特为了造就新一代工人队伍
而公开招聘、严格筛选是值得我们学习的。公开招聘制度是对人事
管理上的权力主义、官僚主义的一种冲击和抑制，也是对个人主动
精神的激励。

用人之道应用的好坏是一个企业成败的关键所在，管理不善是
最大的浪费，即使拥有最先进的科学技术也不能发挥作用。福特公
司的"人性要素"让福特公司度过了一个又一个危机。公司的发展
离不开人，所以我们必须从人力资本的观点看问题，组织和管理好
人才，只有这样，才能保证我们的事业欣欣向荣。

找个有远见的朋友帮忙

司马迁曾说："明者远见于未萌，而智者避危于未形。"找个有
远见的朋友，可以协助你"避危于未形"。

找个有远见的朋友并且想方设法获得他的赏识，就等于既得到
了眼前的实际帮助，又得到了对未来的信心。

在20世纪20年代，福特汽车公司就已经是当时世界上最大的
汽车公司。到第一次世界大战结束时，大街上奔跑的汽车有一半是
福特公司制造的。到1930年这个汽车公司共生产了汽车2 000万

辆，成为著名的"汽车王国"。该公司的创始人亨利·福特在世时拥有10亿美元的财产，按1998年年底的比价计算合231亿美元，列世界富豪榜的第12位。

但是在创业初期福特曾经遭受过两次失败。最终在朋友的帮助下，他才使自己的公司走上正轨。

婚后福特开了个很大的农场，生活很安逸。然而心中的汽车梦，驱使福特又带着妻子重返底特律，受聘于爱迪生照明公司当了一名机械师。两年后福特被提拔为主任技师。在这段时间里，他利用业余时间努力研究他的"自动马车"。

1892年，查尔斯·杜里发明了美国的第一辆汽车。福特受到启发，进一步坚定了自己研究"自动马车"的决心。1896年春天，他终于在工作之余制造出了他自己的第一辆汽车。这辆汽车在当时性能是比较先进的。1899年年底，福特创办了一家汽车公司，并且担任制造方面的负责人。然而因为缺乏经验，工人素质又很低，公司不堪重负，于1900年倒闭。福特首次创业便以失败告终。

不甘心失败的福特四处寻找投资人，准备东山再起。1901年，在一批朋友的支持下，福特创办了"福特汽车公司"。由于福特将主要精力耗费在赛车的研制上，经销商对这种没有商业价值的车型不

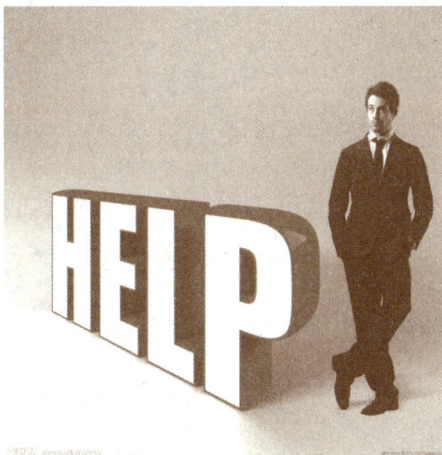

感兴趣，加上所雇来的工人技术水平太低，加工的零件无法达到设计要求，所以产品卖不出去。1902年福特汽车公司又宣布倒闭了。

两次创办汽车公司的失败都没有使福特失去信心。他抱着坚强的信念继续努力寻找新的合作伙伴，准备重新开始。然而前两次失败给他带来了很大的负面影响。有很多投资人不敢投钱给他，担心像前两次那样钱有去无回。

功夫不负有心人。在福特的努力下，煤炭商马尔科姆逊答应与他合作，重新创办汽车公司。1903年6月，在马尔科姆逊的支持下，福特创办了福特—马尔科姆逊汽车公司。当时资本总额为10万美元，现金资本只有2.8万美元，福特与马尔科姆逊各持有25%的股权，其余为一些小股东。

福特吸取前两次创业失败的教训，将经营理念放在市场所需的大众化汽车上，并且采纳马尔科姆逊的建议，聘请了12名具有丰富制造经验的技工。这一次他成功了，企业走上正确发展的方向。1904年度，福特汽车公司生产出汽车1 700辆。

福特公司后来采用流水线生产汽车，产量大增。1923年，福特汽车公司达到了它最鼎盛的时期，当年的汽车产量占美国汽车总产量的57%，全世界有一半数量的汽车来自福特公司，以至于许多人要选福特当1924年的美国总统。

时至今日，福特公司依然是世界上经营得最好的企业之一。如今福特公司是世界上第四大工业企业和第二大小汽车和卡车生产商。2011年福特公司全年销售569.2万辆汽车，盈利202亿美元。

好人脉是一个人成就事业的根基之一，没有朋友在关键时刻的慷慨解囊，就不可能有福特的第三次创业，也可能就没有福特公司今天的"万丈高楼"。

福特公司产品制胜的三大法宝

法宝之一：生产让大多数人能买得起的产品

在福特的主持下，福特公司的经典名车 T 型车问世了。这是一种具有划时代意义的车型，一举奠定了福特汽车公司行业领袖的地位。T 型车集合了福特公司以前所有车型的优良特点，外形、颜色都完全一致，构造非常简单，装饰非常朴素，没有一件多余的零件，没有一点多余的装饰，而且非常结实，利于操作并容易维修。福特把价格定到一般工薪阶层都能买得起的标准，这也是美国市场上第一种走进普通民众家庭的汽车。

由于 T 型车本身具有的优势，加上福特及柯恩斯的销售策略别出心裁，这款车 10 月 1 日投放市场，次日清晨，福特公司就收到了 1 000 多份订单，之后的订单更是多得需要用麻袋装。福特公司当年的生产量就达 20 000 辆，跃居各类畅销车的首位，成为最盈利的产品。

福特 T 型车以其性能和价格优势掀起了汽车普及潮，给美国人民和美国城市都带来了前所未有的好处。汽车使人们出行更加方便快捷，生产、生活节奏加快，劳动效率提高，生活水平提高，结束了农场之间自然隔离的局面，颠覆了马匹运输的统治地位，使城市的街道卫生状况因马车的消失而大为改观，刺激了大规模的公路建设、城市化进程，使无数人自由远行的梦想成真。

T 型车自 1908 年问世到 1927 年停止生产，在 19 年间总共生产出了 1 500 多万辆，占世界汽车生产总量的 68％，其中主要市场为美国国内，有 25 万辆销往英国，近 100 万辆销往加拿大，创下了汽车工业史上的一大奇迹。

法宝之二：首创大规模汽车装配流水线

世界汽车制造史上的"福特生产方式"，即流水装配线生产汽车的模式，深刻影响了人类的产业进程，这种模式不仅仅是汽车制造方式上的一次革命，还深深影响了其他工业产业格局。

随着市场对 T 型车的需求量急剧增加，福特渐渐意识到，靠技术精良的技工手工组装车辆已经远远不能满足供货需求，这种原始的生产方式已经不适合社会发展的需要了。福特认为，价格合理的汽车需要大规模的生产方式，只有提高效率和标准化生产，生产出更多的汽车，才能降低生产成本。T型车及其装配流水线生产方式正是福特的"百姓车"理念的成功实践，是他对世界汽车工业的一大杰出贡献，更对人类的生活方式产生了深刻的影响。

福特在芝加哥屠宰场所见到的一切和主人的一句笑话触动了他的灵感。屠宰场就是流水线作业，只是方向是相反的：它是将整体分解为个体，然后将各个部位的牛肉、骨头按照一定的规则分类存放。福特惊叹于屠宰场的效率和工作秩序：整个牛进去，出来的全是各种各样的牛肉及其副产品。而主人更幽默地说："哈哈，我们还能牛肉进去整牛出来呢！"福特心想，我可以将这种既具有连贯性，又有工作效率的流水作业的方式运用到我的汽车制造上。把产品的因素、技术的因素、制造过程控制的因素都加起来以后，一辆汽车不就组装完成了吗？

考察完芝加哥屠宰流水线后，福特大受启发，从此醉心于大规模生产流水线的研究，畅想着汽车生产的连续化、专业化、合理化，连续、高效地使用各种设备，从而进行不间断的生产。于是，他从各地找来几位管理和设计专家实施福特公司生产方式的转换。

为了早日实现这个设想，年近五旬的福特干脆把家搬到了工厂，并亲临现场参与创新。在福特的支持下，经过公司研发人员的刻苦攻关，1913年春，世界上第一条汽车装配流水线在福特的工厂里诞生了。1913年8月，福特公司的移动式总装线验收合格，把当时手工装配一辆车所需的728个工时缩短了50%。1914年，福特公司安装了第一条全过程链式总装传送带。3 个月后，这条总装传送带创造了 93 分钟组装一辆车的世界纪录。

但总装线有一个严重制约，就是生产线上任何一个环节一旦发生事故，都会导致全线停产。并且，当时 T 型车的许多部件还需要依靠手工制作，常常跟不上总装线的步调，导致全体延误。福特公司加大力度解决这些问题，最终使次装配线得以适应总装配线，崭新完善的"福特生产方式"——"流水装配线"终于诞生了。

大规模装配流水线带来了生产方式上的革命，福特公司连创世界汽车工业时代的生产纪录：1920 年 2 月，一分钟生产一辆汽车；1925 年 10 月，10 秒钟生产一辆汽车，一天能造出 9 109 辆 T 型车。这样的速度让同行为之震惊，让世界为之震惊，创造了世界汽车生产史上的奇迹。至此，福特公司发展成为世界上最大的汽车公司，而这种以装配流水线的生产方法和管理方式为核心的福特生产方式，为后来汽车工业的发展树立了楷模，掀起了世界范围内具有历史进步性的"大批量生产"的产业革命。

在福特之前，轿车是富人的奢侈品，售价在 4 700 美元左右，而福特流水线的大批量生产带来的是汽车价格的大幅下降。福特 T 型车在 1910 年为 780 美元，1911 年降到 690 美元，而在 1914 年降到每辆 360 美元。低廉的价格为福特赢得了大批的平民用户，小轿车进入了寻常百姓家，也使福特公司在美国汽车行业中占据了绝对优势。福特也是凭借 T 型车成为百万富翁，挖到了进入汽车行业的第一桶金。

法宝之三：标准化和简单化生产

福特所说的标准化和简单化最重要的是实行生产方式的标准化和简单化，即从各种方法中选出最好的方法，并把它们结合起来，形成标准加以推广。他提出必须使汽车构造简单化，只有简单，汽车才可能轻便，才会容易修理，一旦哪部分有问题，换个标准零件就够了。而且，简单的设计更易于大批量生产，当产量增大时，生产成本就会降低，汽车价格就可以更加低廉。

标准化和简单化生产具体包含以下内容：

1. 工作专门化。一是在对工作内容、职责和需求等进行全面分析的基础上，实施工作专门化。福特通过调查发现，工厂里有 7 882 项不同的工作。其中，949 项被认为是重体力工作，需要身体健全、强壮的人来干；有 3 338 项需要一般身体状况和体力的人来干；剩下的 3 595 项工作，占全部统计工作的 45.61%，根本不需要什么体力，大多数的人都能干甚至大部分妇女或大一些的孩子都能完成工作。将最轻松的工作再次分类，看看有多少项工作不需要健全的人。结果发现，670 项工作可由无腿的残疾人完成；2 360 项工作可由一条腿的残疾人完成；2 项工作可由无手臂的残疾人完成；715 项工作可由单手臂的残疾人完成；10 项工作可由盲人完成。二是实行单一产品原则和工厂专门化。每个工厂只生产一种产品，即不论怎样大的工厂，也不在同一厂房里制造两种汽车。由于每个工厂都专门致力于单一产品的制造，就为大批量生产创造了条件。此外，各个工厂之间实行生产的专门化，使各种部件都在各个适当的场所被分别制造出来，然后，把这些部件运到组装车间组装成成品。

2．部件的互换性。为了保证各地生产的部件能在装配厂顺利完成装配，必然要求所有部件都具有互换性。部件的互换性又必然要求生产的规格化。而这一要求只有在机器生产的条件下才能实现，这是机器生产优于手工生产的重要表现。

3．制造的精确性。为了实现部件的互换性，保证各种部件的规格化，必然要求制造过程的精确性，保证每个部件的精度都符合规定的标准。

4．使用专门的机械。所使用的机械都是单一目的的，都专门用于进行某一种作业。当时，福特汽车公司由于采用了大批量生产方式，大约90%的设备都是标准化的。

福特独特的管理观

"无头衔管理"

在内部管理上，福特提倡最大限度的"无头衔管理"。福特的管理理念很奇特，他认为通常的"办公室政治"是没有意义的，只要大家各司其职，管理好自己的工作，不需要任何冗余的头衔和权力。"没有特别的职责附加在任何职位上，没有一系列的上下级权力等

级，也几乎没有头衔，没有会议，没有繁文缛节"。在福特看来，
"没有人会吹嘘自己是一家破产银行的董事长。企业总体上来说难以
熟练地被驾驭，所以不能给予舵手般的骄傲。"按照经验，发现要提
升的人不是困难，困难是谁愿意被提升。因为不会有多少人在希望
得到更多钱的同时，还接受更多的责任和工作。这比根据头衔划分
责任、把得到职位升迁当做工作目标来得好。"我们没有任何事先准
备好的位置，我们最好的人员总是自己找位置。这点很容易做到，
因为总是有工作。"福特表示，"当你考虑的是把工作做好，而不是
为一个想得到提升的人找一个合适的头衔时，那就不会有提升的困
难了。"

附录1：亨利·福特的语录

1. 无论你认为自己行还是不行，你都是绝对正确的。

2. 只要它是黑色，顾客可以改变成他想要的任何一种颜色。

3. 任何人只要做一点有用的事，总会有一点报酬。这种报酬是经验，这是世界上最有价值的东西，也是别人抢不去的东西。

4. 如果你想永远做个雇员，那么下班的汽笛吹响时，你就可以暂时忘掉手中的工作；如果你想继续前进，去开创一番事业，那么汽笛仅仅是你开始思考的信号。

5. 对未来毫不畏惧；不要理睬不正当的竞争；服务比利润更加重要；生意并不等于低价买进高价卖出。这正是我们公司为顾客服务的四大原则。

6. 一个害怕未来、害怕失败的人，会使他的行为处处受到限制。失败是更富智慧的行为再次开始的唯一机会。诚实的失败并没有什么不光彩，丢人的是害怕失败。

7. 不论是谁，如果能将一件事干得更好，就应该由他去做这件事。用权力而不是用智慧试图不让另一个人从事商业是犯罪，因为他为了个人的利益而贬低别人。

8．没有利润，企业就无法存在。获取利润并不是错误的。诚实经营的企业不可能得不到利润回报，但利润必须依靠良好的服务而获得。它不能是基础，它必须是服务的结果。

9．生产不是低价买进高价卖出，它应该是这样一个过程：以公平的价格买进原料，以可能最低的成本把这些原料转化成可消费的产品，再把它交给消费者。赌博、投机和损人的交易，只会阻碍这一过程。

10．为扩大生产而借钱是一回事，为弥补错误的管理或浪费而借钱则是另外一回事。你不应该为后者而去借钱，因为钱在这方面起不了什么作用。浪费得靠节俭来纠正，管理不善得用脑子来纠正。这两者的纠正都与钱无关。而且，钱在某种情况下还是它们的敌人。

11．在某些情况下，借钱就像喝醉的人为了醒酒而再喝一杯一样，并不能期望它帮到什么忙，它只能增加困难。扎紧企业开支中松开的口子比借任何7％的利息的贷款都更加合算。

12．当你发现缺钱时，你可以借到钱，并且可以很容易地借来，似乎人们会把钱堆到你身边，这是年轻的企业家所面临的最初的诱惑。如果你借了钱，那么你就是在注射一种有害的兴奋剂，很容易产生疾病。

13．当一个商人去借钱的时候，便是他不需要钱的时候——也就是说，他不需要用借的钱来代替他应该自己去挣的钱。

14．如果一个企业是由于管理不善而需要借钱，那么此时需要做的事就是对企业进行分析，从企业内部消除问题所在，而不要用外面借来的钱掩盖问题。

15．在一般的情况下，金钱是非常有用的，但金钱的价值不会大于它在生产中的作用。如果它被迷信地认为是真正财富的替代品，并因此而受到崇拜，那么它的价值就完全失去了。

16．我们可以教育孩子们让他们把钱积攒起来，不能不加考虑地乱花。但这并不是积极的方式，它并没有引导孩子学会安全有用的花销方式。教育孩子如何投资和使用钱，要比教育他们节约更好。

17．专门的慈善机构不仅仅是冷漠，并且其弊端多于益处。它贬低了接受帮助者的人格，打击了他们的自尊，它和伤感的理想主义是相连的。

18．我们应该憎恨娇宠，因为它是麻醉药。让每个美国人在救济面前都能像钢铁一样坚强，让我们远离救济，让那些脆弱的人去接受救济吧！

19．恐惧是由于过分地依赖外部事物而产生的。换句话说，恐惧就是那些把自身的事业依赖外界环境所产生的情绪，恐惧是身体凌驾于灵魂之上的结果。

20．对失败的恐惧纯属于精神上的体现，并且是造成恐惧的原因。这种心情总是在那些没有远见的人身上表现出来。他们总是做着这样的事情——在做一件事情的时候，他们失败了；在做另一件事情的时候，他们又面临危机；在做别的事情的时候，他们又碰到了似乎无法克服的困难。然后他们就喊着"失败了！"把整个事情都扔掉。

21. 一些人甚至没有给自己一次机会去尝试失败，也没有给自己一个机会去证明其是对或错。他们只是被一些很一般的困难击败了，而这些困难在每一种工作中都可能会遇到。

22. 被击败比失败更可耻，这些人所需要的不是智慧、金钱、才智或者"推动力"，而仅仅是毅力。这是一种粗糙、原始、简单的力量，我们又把它称之为"咬定青山不放松"的力量，是无冕之王。

23. 人们在某些事情上的看法是完全错误的。例如人们总是看到别人成功，并且认为在某种程度上成功很轻松和容易。但这并不是事情的本来面貌。失败才是容易的，成功却是非常艰难的。一个人可以轻轻松松地失败，但他只有付出自己所有的一切和所能做的一切时，他才有可能成功。正是因为这一点，才使得成功如此的艰难。

24. 成功的秘诀在于把自己的脚放入他人的鞋子里，进而用他人的角度来考虑事物。服务就是这样的精神，站在客人的立场去看整个世界。

附录 2：福特公司发展史

1896 年 6 月 4 日，亨利·福特将他的第一部汽车——把手推车车架装上四个自行车车轮的四轮车开上了底特律大街。

1903 年 6 月 16 日，亨利·福特和 11 个初始投资人签署了公司成立文件。这是亨利·福特开创汽车制造业的第三次尝试。

1908 年 10 月 1 日，推出了 T 型车，在 1908 到 1927 年间生产了 1 500 多万辆 T 型车，1927 年公司停止了 T 型车的生产。

1908 年 10 月 1 日，公司在法国巴黎建立了第一个海外销售机构。

1911 年，在北美以外的第一家工厂在英格兰罗彻斯特落成。

1913 年 10 月 7 日，创立汽车装配流水线。在高地公园设立了第一条总装线，使装配速度提高了 8 倍，创下了每隔 10 秒钟就有一台 T 型车驶下生产线的纪录。

1914 年 1 月 5 日，亨利·福特宣布公司 8 小时工作制的最低日工资为 5 美元，是当时工资水平的两倍以上（取代了 9 小时 2.34 美元的日工资标准）。

1918 年 1 月 4 日，开始建设庞大的汽车制造联合企业——荣格

（Rouge）工厂。

1919年1月1日，埃兹尔·福特接替亨利·福特任公司总裁。

1922年2月4日，收购了林肯品牌。

1925年2月17日，在日本成立公司。

1927年10月27日，开始在荣格工厂生产A型车。

1932年3月9日，成为历史上第一家成功铸造出整体V8发动机缸体的公司。

1935年，开创了水星Mercury品牌，填补福特产品和高档林肯产品间的中端市场空缺。

1943年5月26日，埃兹尔·福特去世，年仅49岁。1943年6月1日，亨利·福特重新担任福特汽车公司总裁。

1945年9月21日，亨利·福特二世任福特汽车公司总裁。

1948年1月16日，生产了第一部F系列皮卡，这在汽车史上是最成功的汽车系列。

1954年10月22日，推出Thunderbird车型，这是美国历史上迄今为止最成功的小型运动车。

1956年1月17日，福特第一批普通股票出售。

1959年8月20日，汽车信贷公司成立，至今已成为全球最大的专业汽车金融公司。

1967年6月14日，在欧洲建立公司。

1970年8月17日，亚太汽车业务部建立。

1979年1月1日，获得了马自达25%的股权。

1987 年 12 月 30 日，获得赫兹 (Hertz) 汽车租赁公司股权。在 1994 年，赫兹公司成为福特全资子公司。

1989 年 12 月 1 日，收购捷豹汽车。投入重金振兴这一英国名贵轿车品牌，终于使捷豹的年产销量突破 10 万辆。

1994 年 2 月 28 日，中国业务部成立。

1996 年 12 月 8 日，成为首家全部生产厂取得 ISO14001 世界环境标准认证的汽车公司。福特汽车公司拥有江铃汽车股份有限公司 30％的股份。

1999 年 1 月 1 日，亨利·福特的曾孙比尔·福特成为福特汽车公司董事长。

1999 年 1 月 28 日，购买沃尔沃全球轿车业务。

2000 年 6 月 30 日，从宝马汽车集团正式购得陆虎公司的所有权。

2001 年 4 月 25 日，长安福特汽车有限公司成立，双方各拥有 50％的股份。长安福特投产的首辆轿车——福特嘉年华已于 2003 年 1 月 18 日正式下线。

2003 年 6 月 16 日，福特汽车公司庆祝百年华诞。

2010 年 3 月 28 日晚 9 时，中国吉利公司正式收购福特旗下沃尔沃 (Volvo)。